科研论文写作方法与技巧

Writing Methods and Skills for Research Papers

金振奎　金　明　贾若溪　编著

石油工业出版社

内容提要

本书是一本关于如何撰写和发表科研论文的实用手册，通过对论文选题、开题、查阅文献、问题提出、谋篇布局以及摘要的写作和关键词的选取，系统阐述了学术论文写作与发表的方法和技巧，以及各个环节的相关注意事项，为读者提供了极具操作性的详细指引。作者以自己发表文章的经历和作为学术期刊审稿专家的身份，直击论文写作与发表过程中的各个痛点，使得本书成为论文写作与发表者难得的良师益友。

图书在版编目（CIP）数据

科研论文写作方法与技巧 / 金振奎，金明，贾若溪编著. —北京：石油工业出版社，2018.6

ISBN 978-7-5183-2660-0

Ⅰ. ①科… Ⅱ. ①金…②金…③贾… Ⅲ. ①科学技术－论文－写作 Ⅳ. ① H152.2

中国版本图书馆 CIP 数据核字（2018）第 108247 号

出版发行：石油工业出版社
（北京安定门外安华里 2 区 1 号　100011）
网　址：www.petropub.com
编辑部：（010）64523544
图书营销中心：（010）64523633
经　　销：全国新华书店
印　　刷：北京九州迅驰传媒文化有限公司

2018 年 6 月第 1 版　2024 年 6 月第 3 次印刷
710 × 1000 毫米　开本：1/16　印张：9.75
字数：180 千字

定价：60.00 元
（如出现印装质量问题，我社图书营销中心负责调换）

前言 本书的目的及特点

论文写作是综合训练多种能力最有效的方法。会写论文等于会做研究，等于遇事有办法、做事有思路。论文水平的高低，能够反映科研能力的强弱。会写论文是每个从事各类研究（包括自然科学研究、社会科学研究等）的人追求的最高目标之一。然而，很大一部分本科生和硕士研究生（甚至一些博士研究生），以及很多生产单位的科技工作者不会写论文，不会对自己所做的研究工作进行提炼、总结，常常为此苦恼。

为了帮助学生和各类研究者掌握论文写作（以及课题立项申请书编写等）的基本方法和技巧，笔者根据自己多年来做科学研究、撰写国内外科研论文及指导本科生、硕士生及博士生撰写论文的经验和体会，撰写本书，以期对广大科研人员和学生有所裨益。

本书有三个特点：

（1）内容齐全。本书不仅介绍了理工科研究论文的写作方法，还介绍了综述论文、社科类研究论文、课题立项申请书和各类评审意见的写作方法以及口头汇报的技巧，总结了插图和表的使用方法及其说明。

（2）通俗易懂。关于写作的每一部分，简明扼要，通俗易懂，并配有范例，使读者容易掌握写作要领。书的最后还附有一些训练写作的习题。

（3）适用面广。这本书适用于所有专业、所有想撰写研究论文、研究报告、课题立项申请书（或标书）、评审意见以及进行口头报告的人，包括理工科和文科专业的本科生、硕士研究生、博士研究生、教师、科研人员等。本书还适用于初中生和高中生。可以开设这么一门课，让学生将物理和化学实验、科技创新、社会调查等写成论文。学会写论文越早越好，具备研究能力越早越好，会写论文的中学生到了大学将如鱼得水。会写论文才是真正的起跑线。本书还适用于小学生家长。家长可以按照论文写作的思路和方法训练孩子。可以讲个故事，让孩子起题目（相当于起论文题目）；用最简短的语音复述一遍（相当于写摘要）；用几个词把故事勾勒出来（相当于写关键词）；让孩子尝试悟出一些道理（相当于得出一些结论），等等。

本书包括 8 章。其中前言、第一章、第四章和第八章由金振奎执笔，第二章、第五章、第六章和第七章由金明和金振奎执笔，第三章由贾若溪和金振奎执笔，全书由金振奎统稿。

书中如有不当之处，敬请读者批评指正。

金振奎

2018.2.28

目录

CONTENTS

Contents

第一章 为什么要会写论文

这里的“论文”指发表在期刊上的研究论文，不是指硕士或博士学位论文。本书以后提到的“论文”皆指期刊论文。不过学士学位论文、硕士学位论文、博士学位论文和各类研究报告的写法与论文大同小异，只是篇幅要比论文长得多。

什么是“论文”？论文就是阐述论点的文章，要提出一个新观点，并通过摆证据、推理分析等，让读者相信。一篇论文的篇幅一般不超过1万字。

论文是反映研究成果的，与文学类文章在结构上有所不同。本书论述的写作方法是针对研究论文的，不是针对文学类文章的。但研究论文与文学类文章本质上也有共同之处：都是为了表明一个观点，并通过论述让读者信服。

一、论文的重要意义

论文是学术交流的载体，对促进科学发展有重要意义。不仅科技工作者应该会写论文，大学生和研究生也都应该会写论文，甚至中学生也应该会写论文。从人才培养的角度来说，会写论文越早越好，越早越有利于成才，因为会写论文等于会做科研，具备科研能力越早越好[1–4]。

学生，尤其是本科生，为什么要会写论文？因为论文写作能够训练作者的创新能力、综合分析能力、发现问题的能力、解决问题的能力、逻辑推理能力、提炼总结能力、表达能力、审美能力等多种能力。

写论文，首先要提出一个新颖的观点，这需要学生具有创新能力、综合分析能力和提出关键问题的能力，需要有敏锐的思维。很多人做了大量工作，但不能从中发现亮点，提不出好的科学问题。

发现问题后如何解决、如何获取资料和证据来论证自己的观点，需要学生具有解决问题的能力和逻辑推理能力。

把自己的观点深入浅出、通俗易懂、条理清楚地表达出来，需要具有总结能力、表达能力和写作能力。

论文插图是否精美，需要学生的审美能力，等等。

因此，论文写作是同时训练这些能力最有效的方法。会不会写论文是衡量培养质量最全面、最重要的核心指标。在大学里，会写论文应该成为本科生毕业必须要达到的基本要求。

只要会写论文，就善于发现问题，而且遇到问题知道该怎么办，如何下手；只要会写论文，做事就有思路，有章法。会写论文，就会做科学研究。由此可见，会写论文是多么重要！

但我国高校的现状是，绝大部分本科生（甚至大部分硕士研究生）毕业时能写实习报告、毕业设计报告，但不会写研究论文。科研单位很多工作了多年的大学毕业生，做了很多工作，会写研究报告，但要让他们提炼出论文来，比登天还难。这都是大学里论文写作训练的缺失导致的。据用人单位反映，很多毕业的大学生甚至硕士研究生独立工作能力差，不能独立承担研究课题，做事没有思路，没有头绪，还需手把手地教。这也与论文写作训练缺失有密切关系。

二、怎样学会写论文

怎样学会和训练写论文？可采取如下措施：

（1）开设科研论文写作课。开设科研论文写作课，可以教会学生如何写论文，让学生掌握论文由几部分组成，每一部分怎么写，并配以实例和练习[1-5]。鉴于论文写作的重要性，可开设两次科研论文写作课，分初级写作课和高级写作课。初级写作课可在大一开设，在学生没有写作经验前，先让他们掌握初步的写作方法。高级写作课可在大四开设，在学生有了一些研究经验和一些写作经验后，进一步提高他们的写作水平，并应用到毕业论文写作中，即从理论到实践，再到理论，再到实践。

（2）学习关于科研论文写作的教材。如果学校没有开设论文写作的课程，或已经走上工作岗位的科研人员，可以通过学习科研论文写作的相关教材来掌握基本方法和技巧。一本这样的教材在身边，可以随时随地翻阅，对提高写作水平是很有帮助的。

（3）多读高水平论文。凡事皆有规律，皆有模式，写论文也不例外。“学会唐诗三百首，不会作诗也会溜”，就是这个道理。因此，可以通过阅读国内外一流杂志（如 Science，Nature，Applied Energy 等）的一流文章，分析文章的组成和各部分的写法，总结规律，掌握写作模式，写起来就容易些了。一定要看一流刊物的文章，学习好的写作模式，因为很多刊物的文章的写作往往不按套路来，比较随意。尤其要读业内名家的文章，读名家文章如同与名家交流，会受益匪浅。要读名家为第一作者且为通信作者的文章，因为这类文章才可能是名家自己写的文章。如果名家为第一作者，但不是通讯作者，或名家为通讯作者，而不是第一作者，那么这类文章很有可能名家只是挂名，不是他亲自写的。

（4）进行实战训练。光说不练是没有用的。要学会写论文，必须配以实战，“在战争中学习战争”。可要求学生每年写一篇综述论文，即通过查阅大量文献就某个专题写出一篇综述论文，算学分。这可以训练学生查阅资料的能力、发现问题能力、总结提炼能力等。没有人指望本科生能写出高水平的文章，但这种训练必将为他以后写出高水平文章奠定坚实基础。实验实习、大作业、科技创新、毕业设计等都要求以论文的形式，或者既有报告，又要提炼出论文。当然，要求所写论文都发表也不现实，老师或评委认可就行，鼓励公开发表。

写第一篇论文往往是很困难的，万事开头难。但只要迈过这个坎，就越来越容易了。写过3篇以后，基本就能够掌握方法与技巧，做了研究工作就能发现亮点，就可以写成一篇论文。

三、写论文是提高教育质量的抓手和着力点

由于受我国传统教育理念的影响，我国的高校往往重知识灌输，轻能力培养。例如，一个本科生毕业，通常需要修满160～180学分，而其中绝大部分学分是通过课程学习获得的，实训(实习、大作业、科技创新、毕业设计等)所占学分的比例通常在20%甚至15%以下。上那么多学时的课有什么用呢？知识学了不用很快就忘，教了基本是白教，浪费宝贵时间。所以，很多学生，尤其是毕业后没有从事所学专业的学生，觉得大学白上了。

以英语为例，我国学生的英语恨不得从小学就学，博士毕业了仍未过关，为什么？因为只注重上课，不注重应用，平时讲话不用英语，写作不用英语，思考不用英语，“做梦”不用英语，所以永远学不好。

还有数理化。很多人认为，数理化基础不牢，研究后劲就不足，喊出“基础不牢，地动山摇”。其实后劲就是创新能力，创新能力强弱与数理化基础并没有多少关系。

还有人认为，数理化可训练抽象思维能力，因此认为应多学，文科学生也要学习。但笔者认为，学生从小学到中学就一直在学数学，到了中学还学物理和化学，抽象思维不是从中训练了吗？在大学里开设适量的数理化也没有问题，其学时设置要看对专业

是否有用，有用的多学点，无用的少学甚至不学，不能为了学习而学习，不能过多。我国古人没有学多少数理化，也出了很多著名文学家、诗人。

其实，教育的核心是培养能力[5, 6]，不是传授知识，“授人以鱼不如授人以渔”。大学里过多地上课，必然挤占各种能力训练学时。其实只要能力强，工作中需要什么知识，可以自己获取。例如，当年指挥发现大庆油田的石油部长余秋里是位转业的将军，此前他对石油一窍不通，完全是外行。他通过自学和请专家讲解，最终也成为了石油行家。

因此，高校里应该彻底摈弃“教育就是灌输知识”理念，推行“能力培养型教育”，而非“知识灌输型教育”[1, 2, 7]。这种理念的转变可以产生人才培养质的飞跃，从而深刻改变中国，加速中国追赶并引领世界的步伐。论文写作就是培养能力的有效抓手和着力点。当然，要鼓励写有科学价值和应用价值的论文，做对国家和社会有用的研究[8]。

要让高校重视本科生的论文写作，必须让写论文成为本科教学质量评估的重要指标，因为高校都跟着指挥棒走。如果本科生毕业时都会写论文，那么学生培养将有质的飞跃，学生的获得感必然丰厚。只有能力才是各行各业通用、学生终生受用的。即使他们毕业后不从事所学专业，也绝不会感到大学白上[3–5]。

教育强，则国强。只要培养好人，什么事情都能办好。因此，不仅中小学要重视教育，高校更要重视教育，不能“重科研，轻教学”[9]，国外名校的办学经验值得借鉴[10]。要办好教育，首先要确立正确的培养目标。人才培养目标应该是能力 + 灵魂 + 健康 + 知识，其中能力培养、灵魂塑造、健康（身体和心理）锻炼都是教育的核心，唯独传授知识不是。但过去我们从幼儿园到大学的教育实际上把传授知识当作头等大事，当作教育最重要的核心，注重向学生大脑里灌输知识，而忽视了对大脑的训练。知识灌输得多了，学生自由思考的时间就少了，于是，就变成了“书呆子”，养成了“爱听不爱思”的惰性。这种思维惰性严重阻碍了创新能力。

人才培养是个系统工程，应从娃娃抓起，教育是有黄金年龄段的，17 岁前是可塑期，尤其 7 岁前[11, 12]。不同的成长阶段，应传授不同的知识，采用不同的教育方法，但能力培养、灵魂塑造和健康锻炼都应贯穿教育始终。对于能力培养来说，论文写作训练是提高多种能力的有效途径，不仅大学里要训练，中学里也要训练。学生学会写论文越早越好。

四、论文发表的条件

当做完了一项研究工作要写成论文时，首先遇到的问题就是“写什么？”很多人苦于找不到亮点，提炼不出题目。

要提炼论文，首先要知道发表论文要满足的基本条件。一篇论文要发表，通常要满足 3 个基本条件：“新”“信”“通”。

1. 论文要“新”

“新”指论文要有创新。论文是创造知识的，创新是其最根本的特点。

论文创新体现在新观点、新方法等方面，这些观点和方法都是前人从未有的，或在前人的基础上进行的修正和改进。

新观点，或者说新认识，包括新理论、新现象等。

“理论”在此泛指事物发生、变化所遵循的原理或规律，用此可以解释和预测一些自然（或社会）现象。例如，地质上的板块构造理论、三角洲沉积模式、白云岩的形成机理、油气生成机理等。理论创新就是指发现了以前不知道的事物发生、变化所遵循的原理或规律，或在前人基础上进行的修正。

新现象指以前从未发现的自然（或社会）现象，如在地层中发现了新种类的古生物化石、在深海中发现了现代生物礁等。

方法指用来认识自然（或社会）、揭示自然（或社会）发展规律等所采用的研究手段，如地质上的碳氧同位素分析方法、扫描电镜等。新方法指新发明的研究方法，或对已有方法的改进。

创新的价值有大有小，由大到小可分4类：提出全新的理论、方法等，为原创，属于一类创新；对已有的理论或方法进行修正和改进，属于二类创新；应用已有的理论、方法等解决了某个久攻不下的难题，属于三类创新；将已有的理论、方法等应用到某个领域而取得的难度不大的新认识，属于四类创新。

例如，地质上首次提出的浊流沉积理论解释了深海沉积中为什么会出现砂岩的地质现象，属于一类创新；后来，有学者将浊流又分为高密度浊流和低密度浊流，则是对浊流沉积理论的改进，属于二类创新；运用浊流沉积理论，通过发现新的证据，将以往成因有争议的砂岩令人信服地解释为浊流沉积，属于三类创新；运用浊流沉积理论，在某个地区发现了浊流沉积，属于四类创新。

一类和二类创新成果具有普适性，即可以应用到不同的地区。这类成果能够在一流刊物上发表。

三类和四类创新成果没有创造新知识，只是应用，只适用于某个地区，不具有普适性。这类成果的价值仅在于增加新资料和实例，很难在一流刊物上发表。

要知道自己提出的观点是否新，就要进行充分的文献调研，掌握研究现状。要知道一类和二类创新是否真正的创新，就需要对国内外相关文献进行充分调研；如果要知道三类和四类创新对某个地区是否真正的创新，就需要对针对这个地区的相关文献进行充分调研。不重复别人的认识，是论文的前提。

如何才能提出新观点呢？可从下列几个方面入手：

（1）研究课题本身就是开创性的。

只要研究课题本身的题目和内容都是创新性的，那么取得的每一个进展、每一项成果，都可以是创新性的。这种情况下，发表论文是最容易的，只需把研究成果以论文的形式表达出来就行。因此，在开展研究时，要优先选择开创性的前沿研究课题。

（2）具备创新思维。

创新思维包括怀疑一切、逆向思维、大胆设想。

怀疑一切，就是不要相信任何人的观点或结论，不管他是院士还是大名鼎鼎的专家，只相信事实依据。怀疑的内容包括：

① 结论是根据哪些依据（实验数据等资料）得出的？这些依据与结论之间是否有逻辑关系？依据是否全面？能否保证结论的唯一性？是否具有多解性？如果列出的依据具有多解性，那么结论就会有问题。

② 依据是怎么得来的？是否可靠？“堡垒往往容易从内部攻破”。如果实验分析数据等所谓的“第一手资料”都不可靠，结论自然就有问题。很多人只注重结论的依据是否多，是否全面，而往往忽视了对数据资料可靠性的质疑。例如，有作者进行某个地区的沉积相研究，编制了漂亮的沉积相图，但深入研究发现，其地层对比有错，把不同年代的地层对到一起了，那么无论沉积相图多么丰富多彩，都是错的了，因为基础错了。又如，有作者用大量碳氧同位素数据来支持其关于白云岩成因的解释，但分析碳氧同位素数据的样品遭受过风化，不是新鲜的，其碳氧同位素数值已经失真；或者分析过程中仪器漏气，导致数据失真；等等。因此，一定要注意数据是怎么得来的，是用什么仪器、在什么条件下分析的，具体的实验步骤是什么。作者提供的分析方法和流程应该具有可重复性，其数据的真实性应该可以验证。

通过怀疑，可以发现前人的错误，从而提出自己新的观点。

逆向思维，简单地说，就是"对着干"，就是"标新立异"，别人说东，你偏要说西，并竭力找出别人的错误，努力证明自己的正确。当然，如果别人的结论证据确凿，实在找不出有力的反驳证据，也只能相信了。养成研究上"对着干"的习惯，就容易发现问题，提出自己新的观点。如果前人的观点证据不足，既不能被证明对，也不能被证明错时，也要提出自己的新观点，哪怕自己的观点证据也不足，只要不能被证明是错的。

大胆设想就是想常人不敢想，可以"胡思乱想"。"世上万物皆相同，世上万物皆不同""见一片树叶，就见一片森林""没有两片雪花是完全相同的""一个人不可能两次踏入同一条河流"。牢记这些哲理，就可以把按常理毫不相干的两件事情联系在一起，进行类比，找出共同之处，找出两者的关联；也可以把按常理密切相关的两件事情区别开来，找出不同之处。

当做的研究主要是应用性的，无论题目还是具体研究内容都没有创新性时，那么通过创新思维，就有可能发现新问题，提出新观点，从而写出一篇论文。

2. 论文要"信"

"信"指论文摆出的实际资料和推理分析要足以令人信服，依据要充分，要做到结论的"唯一性"。如果作者列出的实际资料具有多解性，即根据这些资料可以得出与文章不同的结论，那么这篇论文就不是合格的。

例如，有作者描述某砂岩的特征是：灰白色细砂岩，发育交错层理，厚 5m 左右。根据这些特征，作者解释为河道砂岩。这种结论的依据就不充分，不具有唯一性，因为具备这些特征的砂岩还可能是河口坝砂岩或滨岸砂岩等。

不是所有发表的论文的观点或结论都是正确的。有些论文的观点或得出的结论是错误的,但也发表了,这主要是由于审稿人自己的知识局限,当时没有发现论文存在的问题。

3. 论文要“通”

“通”指论文写作要通俗易懂,深入浅出,条理清楚,层次分明,图文并茂。无论多么高深的观点,不但能令人信服,而且“一看就懂”,是论文写作追求的最高境界,尤其是能让外行人看懂。

只要所写论文做到了上述三点,就是合格的论文,就能发表。上述三点,缺一不可。如果观点很新颖,很有价值,但证据不充分,无疑于空谈。如果论文观点好,证据也充分,但条理混乱,难以读懂,不能吸引读者细读下去,也不是好论文。

所以,一篇好论文的标准是“三好”:观点好,证据好,表达好。

论文投稿后,有 4 种情况:无须修改,直接发表;修改后发表;修改后再审;退稿。直接发表的论文极少,很多都是有条件录用,即需要根据审稿人的意见作一些修改才能发表。

如何对待审稿人的意见呢?尽可能按照审稿人的意见逐条修改,但如下两种情况可以不修改:

(1)实在因客观原因不能修改的,如要求补做一些实验或补充一些资料,而一时半会又不可能补做这种实验或收集不到这类资料。

(2)认为审稿人的意见是错误的。

无论是否按照审稿意见修改,回复时都要对审稿人提出的宝贵意见表示感谢,让审稿人看了后心情舒畅。

对于因客观原因不能修改的,不要断然拒绝,要委婉,例如:非常感谢审稿人提出的宝贵意见,这些意见对我今后的工作很有启发和指导性,我会在以后的研究中补充完善。这么说既不驳审稿人的面子，又拒绝了修改，但字面上却看不到“拒绝”二字。

因审稿人的意见错误而不能修改的，回复时不能直白地说“你错了”，可以这么回复：非常感谢审稿人提出的宝贵意见，这些意见引起了我的思考，对我今后的工作很有帮助。我认为：……（摆出自己辩解的理由）。

总之，回复时一定要有礼貌，一定要让审稿人心情舒畅，这样才容易被录用。

参考文献

[1] 金振奎. 会写论文，该不该成为本科生毕业的基本要求？科学网，2018.1.16；搜狐教育，2018.1.16

[2] 金振奎. 大学里该不该推行通识教育？科学网，2018.1.9；搜狐教育，2018.1.10；中国科学报，2018.1.26（有修改）；求是网，2018.1.26（有修改）

[3] 金振奎，金明，贾若溪. 高校培养研究型本科生的必要性与措施. 石油教育，2017，第1期

[4] 金振奎. 什么时候，读中国的大学能成为一种荣耀？中国石油大学报，2017.3.22；微博教育，2017.3.27（阅读量已超过14万）；中国科学报，2017.5.3；中国高等教育报，2017.5.4（头条）；科学网，2017.10.11

[5] 金振奎. 高等教育应以能力培养为核心. 中国石油大学学报（社会科学版），2012，第S2期

[6] 金明. 香港高校本科教育的特点及启示. 北京教育（高教），2011，第10期

[7] 金振奎. 课讲得好，就是好老师吗？科学网，2018.1.30；百度文库，2018.1.30；搜狐教育，2018.2.2

[8] 金振奎. 科学研究该以什么为导向？科学网，2017.10.11；中国科学报，2017.11.3（有较多修改）；求是网，2017.11.4（有较多修改）

[9] 金振奎. 大学里，教育研究重要还是科学研究重要？科学网，2018.1.26

[10] 金振奎. 中国教育成败的关键在哪里？科学网，2017.12.6；微博教育，2017.12.8

[11] 金振奎. 论“培养重心前置”教育模式的重要意义. 科学网，2017.12.9

[12] 金振奎. 美国加州大学伯克利分校办学特点及启示. 石油教育，2012，第6期

第二章　科技论文写作及实例

科技论文指反映自然科学研究和技术成果的论文。

一篇论文通常由5部分组成：题目、摘要、关键词、正文、参考文献，其中正文又由7部分组成，即引言、地质背景（如果是地质类论文的话）、研究方法、客观描述、分析解释、结论、致谢等。

需要指出，论文的组成和各部分的写作方法并非千篇一律，也并非硬性规定，不同的作者可以根据自己的喜好和具体情况做适当的调整。

一、题目的拟定

题目是论文要表达的观点，是论文的核心思想，是最短的摘要。题目是读者第一眼看到的部分，直接关系到读者是否有读下去的意愿，因为读者看杂志时，首先浏览杂志的目录，寻找感兴趣的文章。好题目能一下子吸引读者的眼球，引起读者的好奇，唤起读者继续读下去的欲望。因此，题目是至关重要的。给文章取题目，就像给人起名字。

一个好题目的标准：（1）扣题，（2）新奇，（3）简要。

“扣题”是题目必须要做到的前提，即题目必须与内容一致，能反映正文的基本内容，要让读者看到题目就能大概知道文章是写哪方面的。正文的内容围绕题目展开，不能“跑题”，不能“挂羊头卖狗肉”。如何做到扣题呢？可以换位思考，把自己当读者，看着论文题目，然后想象论文的内容。如果想象的内容与实际内容基本一致，就说明是扣题的；如果不一致，就说明跑题了。

“新奇”指题目在扣题的前提下，要新颖奇特，要“高大上”，要

“响亮”，能吸引读者眼球，引起读者兴趣。与内容相符的情况下，有“机理”“成因”“规律”等理论性较强的字眼的题目是比较好的。题目切忌平庸、平淡，切忌与很多文章的题目类似，切忌“×××研究”，让读者都看腻了。例如，某某地区沉积相研究，或某某地区成岩作用研究等，就是乏味的题目。

“简要”指题目要简明扼要，要尽可能简短，一般不要超过25个字。题目冗长繁琐会影响读者的兴趣，题目都起不好，文章安能写好？

如何练习给文章起好题目呢？可以多看一流杂志上相关领域文章的题目，学习下名家是如何取题目的。也可以从一流刊物上摘录一篇文章，先只看内容，不看其题目。阅读完内容后，自己给文章起个题目，看看是否与原题目相似，是否比原题目更好或更差。通过这种练习，可以锻炼为文章取题目的能力和水平。

对于地质类文章，如果研究的是某个地区的地质，题目中要含有地名，以便让读者知道研究区的大体位置。如果发表在国内刊物上，地名至少要有省级地名或著名盆地。至于地名小到什么级别，要看研究地区的范围多大，到县级就要写到县，到乡镇级就要写到乡镇。如果研究地区太小，地名级别太多，题目太长，可省略中间级别的地名，保留两头的。例如，“山东省昌邑市围子乡南金村”，可简化为“山东省昌邑市南金村”。如果不写省级地名，写成“围子乡南金村”，就很少有人知道研究区的大体地理位置了。如果文章发表在国际刊物上，题目必须含“中国”。

此外，题目中还要加上研究的地层的地质年代。与地名类似，地质年代的级别同样要看研究地层的时间跨度。可直接写到“世（统）”级或以上，因为到了“世（统）”级，读者就知道地层所属的地质年代了。例如，题目可以是“华北早寒武世岩相古地理及其控制因素”，而不必是“华北古生代寒武纪早寒武世岩相古地理及其控制因素”。但如果研究的地层单位是“组”或更小，则必须加上“统”

或更高的级别。例如，题目不能直接写“华北亮甲山组白云岩形成机理”，而必须写成“华北奥陶系(或下奥陶统)亮甲山组白云岩形成机理”，因为到了“组”级，很多读者就不知道其所属的地层年代了。

题目与文章是相互促进的。一般说来，要先起题目，定主题，再写文章；也可以定下主题，写完文章后，再推敲题目。从题目到文章，从文章再到题目，需反复锤炼多次。

下面是一些文章题目的范例(按参考文献格式)：

[1] 金振奎，石良，闫伟，等．沉积和成岩因素对碎屑岩储集层质量贡献率的定量分析方法——单因素比较法．古地理学报，2016，18(4)：535-544(注：18为卷号，4为期号，535-544为页码，后同)

[2] 金振奎．三角洲沉积模式存在的问题与讨论．古地理学报，2014，16(5)：569-580

[3] 金振奎，李燕，高白水，等．现代缓坡三角洲沉积模式——以鄱阳湖赣江三角洲为例．沉积学报，2014，32(4)：710-723

[4] 金振奎，苏奎，苏妮娜．准噶尔盆地腹部侏罗系深部优质储层成因．石油学报．2011，32(1)：25-31

[5] 金振奎，余宽宏．白云岩储集层埋藏溶蚀作用特征及意义——以塔里木盆地东部下古生界为例．石油勘探与开发，2011，38(4)：428-434

[6] 金振奎，苏妮娜，王春生．华北地台东部石炭系优质煤储层形成分布控制因素．地质学报，2008，82(10)1323-1329

[7] 金振奎，王春生．华北地区石炭系—二叠系煤岩储集性能的控制因素．石油勘探与开发，2007，34(5)534-540

[8] 金振奎，王春生，张响响．沁水盆地石炭—二叠系优质煤层发育的沉积条件．科学通报，2005，50(1)：32-37

[9] 金振奎，白武厚，张响响．黄骅坳陷二氧化碳气成因类型及分布规律．地质科学，2003，38(3)：413-424

[10] 金振奎，陈祥，明海慧，周新科，邹元容，张响响．泌阳凹陷安棚油田深层系成岩作用研究及其在成岩圈闭预测中的应用．沉积学报，2002，20(4)：614-620

[11] 金振奎，邹元荣，蒋春雷，由伟丰．大港探区奥陶系岩溶储层发育分布控制因素．沉积学报，2001，19(4)：530-535

[12] 金振奎，冯增昭．滇东—川西下二叠统白云岩的形成机理——玄武岩淋滤白云化．沉积学报，1999，17(3)：383-389

[13] Ming Jin，Shichao Liu，Stefano Schiavon，Costas Spanos. Automated mobile sensing: Towards high-granularity agile indoor environmental quality monitoring. Building and Environment. 2018，127:268-276(注：只有卷号，没有期号)

[14] Ming Jin, Wei Feng, Chris Marnay, Costas Spanos. Microgrid to enable optimal distributed energy retail and end-user demand response. Applied Energy, 2018, 210: 1321–1335

[15] Ming Jin, Ruoxi Jia, Costas Spanos. Virtual occupancy sensing: Using smart meters to indicate your presence. IEEE Transactions on Mobile Computing, 2017, 16(11):3264–3277

[16] Ming Jin, Wei Feng, Ping Liu, Chris Marnay, Costas Spanos. MOD–DR: Microgrid optimal dispatch with demand response. Applied Energy, 187:758–776

二、怎样写摘要

摘要须反映文章基本内容,是文章的精简版,通常全部为文字,不含图或表。摘要应引起读者兴趣,唤起读者阅读正文的欲望。

怎样写摘要呢?摘要该写哪些内容呢?一篇摘要应反映全文的核心内容,是由论文各重要组成部分的精简浓缩组成的。正常情况下,摘要的内容和顺序为:(1)研究目的,(2)采用的研究方法,(3)关键特征和数据资料,(4)结论及其主要依据,(5)创新点及其意义。研究目的摘自“引言”部分,采用的研究方法摘自“研究方法”部分,研究目标的关键特征和数据资料摘自“客观描述”部分,结论摘自“结论”部分,结论依据摘自“分析解释”部分,创新点及其意义摘自“引言”部分。有些情况下,数据资料的类型就代表了采用的研究方法,这时(2)和(3)可以合并。

摘要中的内容通常是作者自己的东西,别人的结论和认识一般不能出现。地质背景(如果是地质类论文的话)、致谢和参考文献这三部分通常不在摘要中体现,但有些会议论文要求提供详细摘要时,可列出重要参考文献。

有些摘要长,有些短。当摘要由长变短时,或摘要要求的字数少时,就要考虑哪些内容需保留,哪些该删掉。根据字数要求,摘要内容保留的优先顺序如下:(1)创新点及其意义,(2)结论,(3)研究目的,(4)采用的研究方法,(5)依据的数据资料类型,(6)关键特征和数据资料,(7)结论的简要依据。

无论多少字，摘要的宗旨是告诉读者最想知道的、最重要的。显然，文章的创新点及其意义是读者最想知道的，然后是取得了哪些结论，第三是为什么要进行这项研究（即研究目的），第四是采用了哪些方法，第五是研究基于哪些类型的数据资料，第六是介绍研究目标的关键特征和数据资料，第七是结论的简要依据。

题目是最短、最精悍、最核心的摘要，因此摘要内容必须包括题目里的名词、短语。

如果摘要要求只写一句话，那么基本就是题目了。

如果摘要在100字以内，则只能简单介绍根据什么类型的资料，进行了什么研究，得出了哪些结论，创新点及其意义是什么。例如：

“根据岩心、测井、地震等资料，对××地区侏罗系沉积相的类型、特征和展布规律进行了研究，识别出了曲流河、三角洲、湖泊等三种相类型。首次确定了该区侏罗系的沉积相类型及其分布，为钻探部位优选提供了依据。”

这个例子中，资料类型也代表了采用的方法。

摘要在400字以内，是多数期刊要求的字数。这时，摘要不仅要包括研究目的、采用的研究方法、依据的数据资料类型、结论、创新点及其意义，而且要列出具体的关键特征和数据资料，结论部分要更详细些。例如：

“根据岩心、测井、地震等资料，对××地区侏罗系三工河组沉积相的类型、特征和展布规律进行了研究。该区发育曲流河、三角洲、湖泊等三种相类型。曲流河沉积主要分布在该区西部，发育河道、天然堤、决口扇、河漫滩等微相。河道砂体厚4～6m，具有向上变细的沉积序列。三角洲沉积主要分布在该区中部，发育三角洲平原、三角洲前缘和前三角洲，其中三角洲平原上发育分流河道、天然堤、湿地等微相；三角洲前缘发育河口坝、远沙坝和席状滩，河口坝砂体厚5～7m，具有向上变粗的沉积序列；前三角洲主要为暗色泥岩夹薄层粉砂岩和细砂岩。湖泊沉积主要分布在该区东部，发育半深湖和深湖，主要为大套暗色页岩。半深湖页岩中常见介形虫和瓣鳃类化石。该区从西向东依次为曲流河、三角洲和半深湖—深湖，水体由浅变深。中部三角洲相带生储盖组合最好，是最有利的油气聚集区。本研究首次确定了该区三工河组沉积相类型及其分布规律，为钻探部位优选提供了依据。”

摘要在1000字以内时，摘要不仅要包括研究目的及意义、采用的研究方法、依据的数据资料类型、关键数据资料、详细结论，而且要简述每条结论的依据。

如果要求更详细的摘要，可加上主要的图或表。

绝大部分刊物要求摘要在200～400字之间。

写摘要类似画一棵树。全文好比一棵茂盛的大树，有树干、树枝和树叶。落掉叶子的树相当于详细摘要；不仅没有树叶，还砍掉部分小树枝的树相当于正常的摘要；砍掉全部树枝、只留树干的树相当于简短的摘要。

怎么练习写摘要呢？可拿一篇去掉摘要的高水平文章，读后练习给文章分别写上限为50字、100字、200字、500字的摘要，训练字数要求不同时，应该取舍哪些内容，并与原文的摘要进行对比。

下面举例说明。一篇题目为《××盆地深部侏罗系优质砂岩储层成因》的文章的摘要如下：

在××盆地埋深3500～4500m的侏罗系中，发育一套储集物性比其上覆和下伏地层都异常高的优质砂岩储层。为了弄清如此大的埋深下仍存在优质砂岩储层的原因，本次根据岩心、铸体薄片、扫描电镜、X-射线衍射分析以及测井资料等开展了有关研究。（本段包括了研究目的、研究方法和使用资料类型）优质砂岩储层为中粒长石质岩屑砂岩，磨圆差，分选中等，几乎没有填隙物，粒间孔发育；其孔隙度为15%～20%，渗透率为100～300mD。粒间孔在砂岩中分布均匀，其边缘即为颗粒边缘，较圆滑。储层夹于大套暗色页岩中，砂/泥比在0.3左右，页岩中普遍含介形虫。储层地层压力系数为1.6～1.8，属于异常高压。与砂岩互层的页岩的声波时差普遍比其上覆和下伏页岩的高。（本段属于客观描述，为研究目标的关键特征和关键具体数据）研究表明，砂岩粒间孔形状规则、分布均匀，主要为原生粒间孔，而非次生溶蚀孔。埋深大的情况下砂岩储层中仍保存较多的原生孔隙，是异常高压导致的。砂岩地层压实系数异常高，与其互层的页岩具有高声波时差，均表明这套地层属于欠压实的异常高压带。正是由于砂岩中的孔隙水在埋藏过程中不能及时排出，分担支撑了上覆地层的重量，从而减弱了压实程度，使原生孔隙保存了下来。砂/泥比低、砂体间连通性差、且页岩为水下沉积时，有利于异常高压带形成。（本段为结论及主要依据）以往认为深部优质砂岩储层都是深部溶蚀作用形成的，以溶蚀孔隙为主，但本次研究表明，深部异常高压带中仍可以存在大量原生孔隙，因此异常高压带是优质砂岩储层的有利发育部位(本段为创新点及意义)。

如果要求摘要字数在200字以内，则可改写如下：

在××盆地深部侏罗系中，发育储集物性异常高的优质砂岩储层。为了弄清其成因，本次根据岩心、铸体薄片、扫描电镜、X-射线衍射分析以及测井资料等开展了研究。优质砂岩储层的孔隙度为15%～20%，渗透率为100～300mD；孔隙主要为原生粒间孔，其大量保存是异常高压导致的，而不是以往认为的是溶蚀作用形成的。异常高压带是优质砂岩储层的有利发育部位。砂/泥比低、砂体间连通性差，且页岩为水下沉积时，有利于异常高压带形成。

如果要求摘要字数在100字以内，则可改写如下：

××盆地深部优质砂岩储层是异常高压导致的，其孔隙主要为原生粒间孔，不是以往认为的深部溶蚀成因。深部异常高压带是优质储层的有利发育部位，而砂/泥比低、砂体间连通性差、页岩为水下沉积时，有利于异常高压带形成。

不过许多国内作者的摘要写得比较随意，要多看国际一流刊物上摘要的写法。

范例1：国际著名刊物 Applied Energy 中一篇文章的题目、摘要和关键词如下：

Microgrid to enable optimal distributed energy retail and end-user demand response

Ming Jin [a,b], Wei Feng [b], Chris Marnay [c], Costas Spanos [a]

a Electrical Engineering and Computer Sciences Department, University of California, Berkeley, CA 94720, USA

b Energy Technologies Area, Lawrence Berkeley National Laboratory, 1Cyclotron Road, Berkeley, CA 94720, USA

c Trottier Institute for Sustainability in Engineering and Design, McGill University, Montreal, Canada

Abstract: In the face of unprecedented challenges in environmental sustainability and grid resilience, there is an increasingly held consensus regarding the adoption of distributed and renewable energy resources such as microgrids (MGs), and the utilization of flexible electric loads by demand response (DR) to potentially drive a necessary paradigm shift in energy production and consumption patterns. However, the potential value of distributed generation and demand flexibility has not yet been fully realized in the operation of MGs. This study investigates the pricing and operation strategy with DR for a MG retailer in an integrated energy system (IES). Based on co-optimizing retail rates and MG dispatch formulated as a mixed integer quadratic programming (MIQP) problem, our model devises a dynamic pricing scheme that reflects the cost of generation and promotes DR, in tandem with an optimal dispatch plan that exploits spark spread and facilitates the integration of renewables, resulting in improved retailer profits and system stability. Main issues like integrated energy coupling and customer bill reduction are addressed during pricing to ensure rates competitiveness and customer protection. By evaluating on real datasets, the system is demonstrated to optimally coordinate storage, renewables, and combined heat and power (CHP), reduce carbon dioxide emission while maintaining profits, and effectively alleviate the PV curtailment problem. The model can be used by retailers and MG operators to optimize their operations, as well as regulators to design new utility rates in support of the ongoing transformation of energy systems.

Keywords: Microgrid, Demand response, Energy pricing, Unit commitment, Distributed energy resources, Rate design

范例 2：国际著名刊物 IEEE TRANSACTIONS ON MOBILE COMPUTING 中一篇文章的题目、摘要和关键词如下：

Virtual Occupancy Sensing: Using Smart Meters to Indicate Your Presence

Ming Jin, Ruoxi Jia, and Costas J. Spanos

Abstract— Occupancy detection for buildings is crucial to improving energy efficiency, user comfort, and space utility. However, existing methods require dedicated system setup, continuous calibration, and frequent maintenance. With the instrumentation of electricity meters in millions of homes and offices, however, power measurement presents a unique opportunity for a non-intrusive and cost effective way to detect occupant presence. This study develops solutions to the problems when no data or limited data is available for training, as motivated by difficulties in ground truth collection. Experimental evaluations on data from both residential and commercial buildings indicate that the proposed methods for binary occupancy detection are nearly as accurate as models learned with sufficient data, with accuracies of approximately 78 to 93 percent for residences and 90 percent for offices. This study shows that power usage contains valuable and sensitive user information, demonstrating a virtual occupancy sensing approach with minimal system calibration and setup.

Index Terms— Occupancy detection, electricity, non-intrusive monitoring, energy-efficient buildings

三、怎样选择关键词

为什么要写关键词？一是为了用区区几个词就能反映论文核心内容，让读者看一眼就了解文章的大概内容；二是为了容易让别人检索到，这是关键词的主要功能。所以怎样写关键词很重要。写得好，别人就容易搜到文章。要换位思考下，别人检索类似文章时可能会输入什么关键词，并根据这一原则选择关键词。也就是说，要预测别人可能输入的关键词。

哪些词应选为关键词呢？原则如下：

第一，要让读者根据关键词能知道做的哪方面的研究，能够勾勒出研究的轮廓。例如，“你这个人，心地善良，为人非常好”这句话的关键词可以是：你，心善，人好。

第二，关键词应是文章中出现的词。

第三，关键词要能反映文章的核心内容，一般从题目里提取，部分可来自摘要或正文核心内容。

第四，关键词要尽可能多，以便增加检索到的概率，当然不能超过刊物要求的数量。绝大部分刊物要求关键词不超过 10 个，多为 5～8 个。

对于地质类论文，关键词一般要有地区、地层年代。

如果研究者要检索某个研究方向的论文，会输入代表这个方向的关键词。例如，如果想检索白云岩成因方面的文章，他会输入“白云岩成因”或“白云化机理”。如果他要检索关于巴哈马台地现代白云岩成因的文章，他会输入“巴哈马台地”“现代白云岩成因（或现代白云岩）”。

如何训练写关键词呢？可将一篇高水平文章去掉关键词，阅读后练习提炼关键词。

现以上面题目为“×× 盆地深部侏罗系优质砂岩储层成因”

的文章为例，说明如何从题目和摘要里提取关键词。根据题目和摘要，这篇文章的关键词可为：

××盆地；侏罗系；优质砂岩储层；原生粒间孔；异常高压带。

关键词更多的实例见本章“二、怎样写摘要”和“四、正文的写作方法”中的范例。

四、正文的写作方法

正文是论文的主体部分。正文需回答3个基本问题：① 为什么要做这项研究，即研究的意义；② 怎样做的，即研究方法；③ 做出了什么，取得了哪些创新，即研究成果。

现以地质类论文说明之。其他领域的论文大同小异。

地质类论文的正文通常包括6部分：引言、地质背景、研究方法、客观描述、分析解释、结论、致谢。客观数据和特征描述与主观分析解释这两部分一般占正文的75%～85%，其他各部分总共占15%～25%。

这里需要说明下，将客观描述与主观的分析解释分开写，是国外刊物的普遍要求，笔者认为这么要求是好的，因为这样可以让读者根据客观事实自己作出分析，得出结论。但国内刊物发表的一些论文常将这两部分混合在一起，客观事实夹杂着主观分析，主观分析夹杂着客观事实，这是不可取的。

1. 引言

为什么要写“引言”（Introduction）？“引言”的作用是什么？“引言”怎么写？应包括哪些内容？

“引言”最重要的作用是要告诉读者：做的什么研究？为什么要做这项研究？前人对这个问题有哪些认识？这次研究解决了什么问题？成果有哪些创新？是否有普适性？总之，要让审稿人感到这篇文章确实重要，确实有用，文章被录用的概率就高。

对于地质类文章，“引言”主要包括如下内容：(1)研究目标和目的；(2)资料基础；(3)研究现状；(4)创新点及其普适性。

研究目标和目的就是要告诉读者针对什么问题开展了研究，为什么要开展这项研究。这部分要包括研究的地区和研究的层位。研究的地区要介绍研究区的位置和面积，通常要附研究区位置图。如果论文发表在国际刊物上，要有缩小的中国地图，并在图上标注研究区的位置。研究的层位要介绍研究的是哪个时代的地层。

资料基础要介绍研究所用的资料的类型及其数量，例如有多少口钻井资料、多少岩心、多少分析化验资料、是否有三维地震资料等，目的是让读者了解研究可能达到的精度和可信度。例如，如果 A 研究区只有 3 口井，而面积相近的 B 研究区有 300 口井，那么据 3 口井编制的古地理图的精度显然不如据 300 口井编制出来的古地理图。告诉读者资料基础，好让读者心中有数，而且这也是读者想知道的。如果作者不说，读者会认为作者考虑不周。

研究现状是引言中最费精力的部分，要通过大量文献阅读才能写好。该部分的目的是：通过文献调研，了解前人对相关问题的认识，并试图找出前人的错误或尚未解决的问题，确保自己的研究结论是独一无二的，完全是创新的，或在前人的基础上前进了一步，不是重复前人的研究结论。如果不进行文献调研，闭门造车，那么就有可能自己费力得出的认识别人早就已经有了。国外刊物的论文中，研究现状调研普遍做得较细致，引用的参考文献较多，而国内作者对研究现状的调研普遍较简单，参考文献少。这一点应该向国外刊物学习。

创新点及其普适性就是要告诉读者本次研究取得了哪些创新，这些创新能否适用别的地区，是否有指导意义和参考价值。这一部分是决定文章能否被录用的关键，要说服审稿人。

引言部分的字数(不含图表)一般不超过800字,多为500～600字。

下面举例说明引言的写法。

范例1《沉积学报》2013年的一篇文章的题目、摘要、关键词和引言如下:

碳酸盐岩沉积相及相模式

金振奎　石　良　高白水　余宽宏

(中国石油大学(北京)地球科学院,北京昌平　102249)

摘要: 碳酸盐岩在我国广泛发育,是重要的油气勘探层位。目前关于碳酸盐岩沉积相及相模式,存在诸多问题,主要包括部分沉积相命名混乱,同一种相,名称不同,或同一名称,含义不同;相模式不完善,用词不严谨,不同相带的区别特征不明确,应用困难,等等。本文根据多年碳酸盐岩研究经验以及国内外前人对现代及古代碳酸盐岩的研究,对一些碳酸盐岩沉积相的定义进行了厘定,对台地、斜坡和盆地的类型进行了划分。在前人研究基础上,将台地划分为孤立台地、镶边台地和离岸台地,其中将镶边台地进一步划分为镶边陡坡台地和镶边缓坡台地,将离岸台地进一步划分为离岸陡坡台地和离岸缓坡台地;将斜坡划分为缓坡、陡坡和陡崖;将盆地划分为浅盆和深盆。分析了不同类型台地的成因和演化序列,将台地演化划分为初期、早期、中期和晚期四个阶段,不同阶段特征不同。总结出了不同类型台地的沉积模式,尤其对不同相带的识别标志进行了提炼和总结。

关键词: 碳酸盐岩,沉积相,沉积模式,台地,斜坡,盆地

第一作者简介　金振奎 男 1963年出生 博士 教授 沉积地质学 E-mail: jinzhenkui@188.com

在我国,碳酸盐岩广泛发育,例如,在扬子地台上,从震旦纪到中三叠统(志留系除外),都以海相碳酸盐岩为主;在华北地台及塔里木地台上,前寒武、寒武系和奥陶系主要由海相碳酸盐岩组成。中新生代沉积盆地中,湖相碳酸盐岩也常见,如渤海湾盆地各坳陷古近系沙河街组、柴达木盆地第三系等。无论海相还是湖相碳酸盐岩,都在其中发现了油气,如塔里木盆地(寒武系和奥陶系)、鄂尔多斯盆地(奥陶系)、四川盆地(震旦系、二叠系、三叠系)、渤海湾盆地(中元古界、奥陶系、古近系)、柴达木盆地(第三系)、准噶尔盆地(二叠系风成组),而且

不断有新的突破，如近些年在四川盆地发现的普光、龙岗等大气田。我国在海外承包的区块中，也有不少是碳酸盐岩油田。

碳酸盐岩地层中的高效油气勘探和开发，离不开沉积模式的指导。国内外都有学者提出了碳酸盐岩沉积相模式[1-16]，但存在不少问题：有的过于简单，不完整，仅针对台地的一部分建立了沉积模式，如潮坪—潮下沉积模式；有的较全，但描述的各相带的沉积特征（岩石类型、化石等）概念性的多，可用于识别古代沉积相的识别标志少，应用起来困难[4,5]，例如阿姆斯特朗（1974）定义的局限台地，含有海绵、棘皮类和苔藓虫等，而这些都是正常海生物，没有反映出水体局限的特征，与开阔台地没有明显差异；同一名称，含义不同，如阿姆斯特朗（1974）的局限台地与威尔逊（1975）的就有所不同，威尔逊（1975）的局限台地还包括了潮坪（笔者认为，将潮坪归为局限台地并不合适）；对同一种环境，名称不同，如有的将"台地边缘"称"盆地边缘"[9]；相带名称不严谨，如"浅滩水""斜坡脚"，等等[4,5]。

总之，目前关于碳酸盐岩沉积相的定义有些混乱，沉积相模式不完善。笔者根据多年对碳酸盐岩的研究以及国内外前人对现代及古代碳酸盐岩的研究，对一些碳酸盐岩沉积相的定义进行了厘定，提出了一些新的沉积模式，而且对模式中不同的相类型，总结出了明确的、可操作的鉴别特征，便于应用。

范例2：《古地理学报》2016年的一篇文章的题目、摘要、关键词和引言如下：

沉积和成岩因素对碎屑岩储层质量贡献率的定量分析方法——单因素比较法

金振奎[1]，石良[1,2]，闫伟[1]，朱小二[1]，彭飚[1]

（1. 中国石油大学（北京）地球科学学院；2. 中国石油冀东油田勘探开发研究院）

摘要：碎屑岩储层质量在此指其渗透率和孔隙度。要准确预测地下优质储层的分布，首先需要找出储层质量的主控因素。影响储层质量的因素主要是沉积方面的和成岩方面的。沉积方面的因素包括粒度、磨圆度、分选系数和杂基含量等，成岩方面的因素包括压实强度、溶蚀孔隙含量、胶结物类型和含量等。一种砂岩储层的质量往往是多种单因素共同作用的结果，如何理清每个因素的具体贡献率是确定主控因素的关键。

本文提出了一种分析各种沉积和成岩因素对储层质量定量贡献率的方

法——单因素比较法，并以渤中凹陷古近系东营组砂岩为例进行了演示分析。该地区东营组三角洲分流河道砂岩与河口坝砂岩储集物性差异巨大，本文计算了各个因素对这种差异的贡献率，确定了主控因素：杂基含量差异的贡献率为78.5%，是主控因素；粒度差异的贡献率为2.7%，分选系数差异的贡献率为1.5%，自生粘土矿物含量差异的贡献率为15.9%，碳酸盐胶结物含量差异的贡献率为2.3%，溶孔含量差异的贡献率为1.5%，压实强度差异的贡献率为1.7%。沉积因素的综合贡献率为各沉积单因素的贡献率之和，为82.7%；成岩因素的综合贡献率为各成岩单因素的贡献率之和，为18.4%（其中溶孔的影响与其他因素相反，在此定为负值，即-1.5%）。因此，沉积因素是导致储层质量差异的主要因素。本文的单因素比较法为定量分析储层质量主控因素开辟了一条新途径。

关键词：储层质量；主控因素；单因素比较法；沉积；成岩；渤中凹陷；东营组

第一作者简介 金振奎，男，1963年生，教授，博士生导师，从事沉积学和储层成岩作用方面的研究。E-mail:jinzhenkui@188.com

0 引言

关于碎屑岩储层质量（指孔隙度和渗透率）的影响因素，前人做了很多研究（金振奎等，2008，2011；胡作维等，2012；Ehrenberg et al.，1990；Salem et al.，2000，2005；Rossi et al.，2001；王京等，2006；王瑞飞等，2009；付晶等，2013；谢润成等，2010；郑占等，2010；董月霞等，2014）。这些因素主要是两大类，即沉积方面的和成岩作用方面的。有些情况下，构造方面的因素（裂缝）也有一定影响。沉积方面的影响因素包括粒度、分选系数、填隙物类型和含量等。成岩方面的影响因素包括压实、胶结和溶蚀。

由此可见，储层质量影响因素往往有多种。预测地下储层的质量和分布，需要找出其质量主控因素。要做到这一点，就需要确定各个因素具体的影响程度，即定量的贡献率。例如，某砂岩储层孔隙度和渗透率很低，质量很差。这有可能主要是沉积因素导致的，也有可能主要是成岩因素导致的。怎样定量地确定沉积因素和成岩因素各自的贡献率？譬如说分别是90%和10%？还是20%和80%？沉积因素又包括粒度、分选性、填隙物等，怎样确定各个沉积因素具体的贡献率？成岩因素又包括压实、胶结、溶蚀等，怎样确定每种成岩作用具体的贡献率？

以往关于碎屑岩储层的研究，没有对各影响因素进行定量分析，常常难以明确地确定主控因素。

本文提出了一种分析各种沉积和成岩因素对储层质量定量贡献率的方法，并以渤中凹陷古近系东营组碎屑岩储层为例进行了演示。这种方法为确定储层质量主控因素开辟了一条新的途径。

范例3：国际著名刊物《Applied Energy》中一篇文章的题目和引言如下：

Microgrid to enable optimal distributed energy retail and end-user demand response

Ming Jin [a,b], Wei Feng [b], Chris Marnay [c], Costas Spanos [a]

1. Introduction

The transition from an economy that relies heavily on fossil fuels to one that is powered primarily by renewable energy has been accelerating in recent years, bolstered by mounting concerns over climate change and falling prices of solar and wind energy [1]. However, the grid is being destabilized by penetration of volatile, distributed renewable resources [2]. Furthermore, grid resilience and rapid self-recovery in the face of natural disasters and malicious attacks are extremely necessary features [1,3]. Driven by the evolution of technologies and markets, there is a fundamental push across the industry to update utility rate structures as the existing tariff becomes less and less efficient [2]. Meanwhile, the emergence of electricity retail services enables customers to choose providers [4]. Increased competition exposes retailers to greater risks, while not necessarily reducing customers' bills [4]. Clearly, a systematic strategy for rate design and resource management is central to the ongoing transformation of the system. This paradigm shift can be further driven by demand response (DR) by the institution of time-differentiated retail pricing, e.g., time-of-use (TOU) and real-time pricing (RTP), which reflect fluctuating wholesale prices and explore end-user demand flexibility [4–8]. Currently, RTP is most popular in the wholesale market, while being experimented on a few sites like the Illinois Power Company on the retail side. However, with the increasing penetration of internet-of-things (IoT) devices [9,10] and occupancy-aware building controls [8,11], buildings' responsiveness can be significantly enhanced through automated services [12,13]. Thus, study on DR at the retail level that finds its optimal pricing scheme and relationship with local distributed energy resources adoption and operation becomes increasingly important [12].On the supply side, the division of the grid into productive subsystems, microgrids (MGs), that integrate distributed generation (DG) and storage to serve local demand, has been proposed to increase manageability, energy efficiency, and resilience [14–16].The rapid development of integrated energy systems (IESs), which exploit the synergistic potential of thermal and electrical provision, is crucial for flexibility enhancement, carbon dioxide (CO_2) reduction, and renewable integration [3]. Nevertheless, in places like Jilin province, in northeastern China, about 89% of the total wind power curtailment is caused by operating conventional CHP at full load to satisfy high heat demands and lack of curtailable supply [3]. The central task for a retailer with generation capacity is thus to design energy rates and operate the facility to gain profits and preserve system stability. Previous works on MG operation often treat it as a non–profit entity that does not price its energy output, which confines its application to campuses and other situations where the total bill is paid by the MG owner [6, 14, 17–24]. As a result, DR in a MG is limited to contracts [24] or a mutual agreement where the MG operator has central control over DR–enabled loads [12, 18, 25]. This often requires the integration of advanced communication infrastructure and might raise security and privacy issues [26, 27]. Furthermore, the scope is predominantly within electricity provision [24, 25, 28, 29], rather than exploiting synergies of IESs. We focus on future smart MG with time–differentiated pricing on the retail side and propose a Microgrid Retailer Pricing and Operation strategy with Demand response, or MR–POD (Fig. 1). Our key contributions are as follows: _ Modeling of the MG with integrated energy provision and renewable resources, plus the formulation of optimal rate design and MG dispatch under uncertainty _ Design of pricing and DR incentive mechanisms that promote customer benefits, retailer competitiveness, and DR Effectiveness _ Evaluation of the model on real datasets, demonstrating about 6% profit gain with reduced customer bills and improved system reliability for optimally designed RTP compared to daily rates The rest of the paper is organized as follows. Previous works are surveyed in Section 2, with an emphasis on MG modeling and dispatch, DR, and optimal rate design. Section 3 discusses the retailer model, including problem formulation, the MG pricing mechanism, and energy demand and supply. Section 4 deals with operation under uncertainty, which includes the forecasting methodology, and the DR incentive mechanism. A schematic overview of the proposed MR–POD method is shown in Fig. 1, where the dispatch plan and retail rates are optimized for the generators and buildings day ahead (Section 3), while considering the forecasted operating conditions as well as DR objectives (Section 4). The dataset and implementation are discussed in Section 5, followed by scenario analysis (Section 6) and a case study for environmentally conscious operations with DR for PV over–generation (Section 7). Conclusions are drawn in Section 8.（注：方括号中的数字为参考文献，该期刊没有将其设为上标，而是将其颜色设为蓝色。）

范例4：国际著名刊物《IEEE TRANSACTIONS ON MOBILE COMPUTING》中一篇文章的题目和引言如下：

Virtual Occupancy Sensing: Using Smart Meters to Indicate Your Presence

Ming Jin, Ruoxi Jia, and Costas J. Spanos

1 INTRODUCTION

TECHNOLOGICAL innovations in sensor networks and mobile computing extend the frontiers of building science and opens up a wealth of opportunities. A combination of factors contribute to the connectedness of pervasive sensing nodes: lowered manufacturing cost, miniaturized size and enhanced functionality, integrated sensing services, visualization, and actuation, and raised awareness of energy, privacy, and security issues. Individuals spend 90 percent of their time in buildings, either in their homes or in their offices. Buildings consume approximately 40 percent of all energy usage in the United States. Heating, ventilation, and air conditioning (HVAC) and lighting are responsible for 43 percent and 11 percent of energy usage in residential buildings, and 33 and 26 percent of energy usage in commercial buildings [1]. Among various measures for energy savings, such as building renovations, dynamic pricing, and social games, occupancy sensing has been shown to contribute to both occupant comfort and energy efficiency [2], [3]. The current study focuses on binary-level presence detection (i.e., 0/1 decision—a room or a house is either occupied or vacant), as opposed to the occupancy of an identified individual or the number of people in a region. Binary information is usually sufficient for applications like automated zonal control for indoor temperature, air quality, and lighting [2], [3], [4], [5], as well as health monitoring in residential buildings [6]. Existing approaches to occupancy detection use either reliable but specialized sensors, such as cameras [3], passive infrared (PIR) [7], magnetic reed switches [2], [3], active RFID badges [5], or non-specialized for occupancy detection yet fallible environmental measurements, including CO_2 [8], [9], temperature [10], and particulate matters [11]. With the installation of electricity meters in millions of homes and offices [12], which are continuously monitoring power usage, one question comes to mind: Can energy consumption be used to indicate one's presence? While previous work that relies on power measurements focuses on situations where sufficient data is available from target households [10], [13], [14], [15], [16], [17], collecting the occupancy ground truth that is required to train the detection algorithms is a challenging process. It often relies on 1) user engagement, e.g., completing a survey every 15 or 60 minutes [13], [16], or uploading the GPS trajectory data as a proxy for their presence ground truth [14], 2) instrumentation efforts, e.g., setting up a wireless network of cameras, motion sensors, or door switches [10], [17]. A systematic approach that relaxes the requirement of ground truth data collection is desirable for practical application. The following scenarios illustrate some emerging applications of smart meters [18], in which user presence information can bring direct benefits: Scenario 1 (S1). Occupants in an office building participate in a social game to save energy by having their cubicles instrumented with power meters [19]. Building managers want to correlate the energy consumption pattern of the building with the schedules of its occupants and assess its energy efficiency. However, they prefer an easy and nonintrusive way to access the occupant presence information without additional infrastructures or surveys. Scenario 2 (S2). A start-up company on smart meters for home automation has collected a substantial amount of occupancy and electricity data from incentivized households to train its presence detection system. A targeted product feature is effortless calibration by requiring minimal inputs from new customers while maintaining comparable performances. In both situations, smart meters are viable proxies for demand approximation [18] (S1) and/or home automation [20] (S2) by extending basic metering functionality to presence detection. The benefits of higher detection accuracy include more substantial energy savings and reliable automation systems with no additional costs to instrument sensors [2]. Nevertheless, these two problems differ in training source availability: While S1 is characterized by very limited presence data accessible to the learner, while S2 features extensive data but not from its customers' households. Hence, the objective of this study is to develop solutions to address the issues that arise while learning from limited or no training data. Key components of the end system include 1) electricity measurements from building- and/or device-level meters, 2) occupancy detection based on power usage, e.g., Non-intrusive Learning (NL) or Transfer-Learning (TL) methods proposed in the study, and 3) occupancy aware applications, e.g., demand controlled ventilation [2], [5], [9], [21] and lighting [19], and building-level demand response [22] (Fig. 1).

Our main contributions are summarized below:

① Formulates the problems as Base Learning (BL), Non-intrusive Learning (NL), and Transfer Learning(TL).

② Explores power features and studies the window and sampling effects as a practice guide.

③ Develops and evaluates solutions to NL and TL for residential and commercial buildings, which achieves around 80 to 90 percent accuracy.

The rest of the paper is organized as follows. Formulations of BL, NL, and TL are described in Section 2. Section 3 introduces the methods, in particular, multiview-based iteration and surrogate loss methods for NL (Section 3.2), and the transfer learning optimization method for TL (Section 3.3), as well as explores power features (Section 3.4). BL, NL, and TL datasets and results are reported and discussed in Section 4. While related work is summarized in Section 5, Section 6 concludes this study and proposes future work.（注：方括号中的数字为参考文献，可见不同的期刊，参考文献的标注方法有差异。）

2. 地质背景

地质背景就是要给不熟悉研究区地质情况的读者简要介绍地质概况。地质背景通常包括构造背景、地层背景、沉积背景等。一个地区的地质背景内容是很多的,足可以单独出版一本书。究竟要介绍哪些内容?不介绍哪些内容?

介绍地质背景的原则是:介绍的内容要与自己的研究直接或间接相关,对得出自己的研究结论有帮助,为自己的研究奠定基础或打伏笔。对与自己研究内容无关的背景知识,一般不介绍,或极其简要。

地质背景部分的文字(不含图表)一般不超过400字,多为200～300字。

详见本章后面的论文实例。

3. 研究方法

研究方法指自己获得分析化验数据等资料的方法,即数据资料是怎么得来的。如果自己发明了一种新实验方法,就需要详细介绍实验的流程和实验条件,以便读者可以重复这些实验,来验证这些数据。如果样品是由实验室分析化验的,应注明哪家实验室分析的,分析化验仪器的型号。实验室的声誉好,实验分析数据可靠性就高。

对于收集来的数据资料,则无须介绍获得方法,例如孔隙度和渗透率资料、测井资料、地震资料等,但如果可能的话,应注明数据资料的出处。

详见本章后面的论文实例。

4. 客观描述

客观描述(或实验结果)指对研究对象的各种特征(包括获得的实验数据)进行客观描述,陈述事实。在此部分,不加入作者的主观分析、解释、推测等。这是为了使任何读者都可以根据描述的特征进行分析、解释，自己得出结论。

研究对象的特征有多种，作者应描述所有观察到的特征，列出所有收集到的相关资料，不管作者在后面的分析解释中是否用上，这是因为读者有可能从看似无用的特征中解读出新信息，得出新结论。当然，后面分析解释中用得上的特征和资料要重点描述。

描述时，最好附上照片、图、表等，使描述的特征一目了然。注意，不能用照片、图或表代替文字描述，即使读者自己能从照片、图或表中看到描述的特征，这是为了防止读者自己忽视了一些特征。当然，有照片、图、表时，描述可简要些。

现举例说明：

例 1：如果要研究某砂岩的沉积环境，需观察描述的客观特征包括砂岩的厚度、颜色、矿物成分、结构（粒度、分选性、磨圆度、支撑类型、填隙物类型等）、构造（层理、波痕等）、沉积序列（向上变细序列、向上变粗序列或均质序列）、顶底面特征（突变还是渐变）、化石等。所有能揭示成因信息的特征都应观察到并描述出来。

客观描述如下：砂岩层厚 5m，厚层状，呈灰白色，砂的含量为 80%，其中石英颗粒含量为 40%，长石含量 10%，岩屑含量 30%；岩屑主要为花岗岩岩屑和安山岩岩屑；颗粒支撑；粒径最大达 0.4mm，大都在 0.2～0.25mm 之间，以细砂为主；颗粒都呈次棱角状，分选中等，分选系数为 2.5；填隙物含量约 20%，为细晶方解石胶结物；槽状交错层理发育；具有向上变细的沉积序列；底面为凹凸不平的冲刷面，与下伏红色泥岩突变接触；顶面渐变，向上过渡为粉砂岩和红色泥岩；砂岩中见一些树干化石，平行层面排列。

例 2：如果要研究某白云岩的成因，需观察描述的客观特征包括白云岩的厚度、颜色、矿物成分、结构（晶粒大小、形状等）、构造（层理、泥裂等）、化石等。

客观描述如下：白云岩厚 1m，薄层状，呈黄褐色，主要由细粉晶白云石组成，泥质含量较高，常见石膏结核（含量 20%）；发育层状叠层石、泥裂和鸟眼构造；白云石的 $\delta^{13}C$ 为 +1‰～+2‰（PDB），$\delta^{18}O$ 为 −1‰～−3‰（PDB）；Na 含量为 500ppm，Sr 含量为 800ppm。

更多范例见本章后面的论文实例。

5. 分析解释

在这部分，作者就要通过对客观描述资料（或实验结果）的分析、解释，得出结论。对每一个结论，要详细叙述如何得出的，列出支持每个结论的所有依据。分析需严谨，逻辑要严密。列出的证据与结论之间要有逻辑关系，每条证据都能反映某个侧面。

通过综合分析，应使所有证据都指向一个结论。当根据所有证据只能得出一个结论时，论证就是成功的，即要使结论具有唯一性。如果根据这些证据，能得出不同的解释，那么论证就不是完美的，即资料具有多解性。

但在实际工作中，由于这样或那样的条件限制，收集到的证据往往不是齐全的，根据这些证据可以得出不同的结论，即具有多解性，不能做到结论的唯一性。这时，就要通过综合分析，选择正确的概率相对最高的那个解释结论。

在进行分析解释时，学生们常常犯"**简单思维**"的错误，即一开始想到哪个可能的解释就采用哪个，而不是把所有可能性都想到，然后通过对比分析，选择最可能的解释。

其实对现象进行分析解释，就像解数学题，一道数学题常常有多种解法，不能想到哪种就用哪种，而应尽可能想出多种解法，选择一种最简便的解法；就像去北京有多条路，不能看到哪条就选择哪条，而是应比较下，选择最短的那条。

把各种可能性都想到，并逐一严谨评判的思维方法可称"全面思维法"，或称"排除分析法"，即根据现有的证据，先把所有可能的解释都想到，然后对每种解释逐一分析，将与证据有矛盾的解释逐一排除，留下与所有证据都吻合的那种解释。对于每种解释，不吻合的证据越多，其正确的概率就越低。有些证据是关键性的，具有"一票否决权"。任何正确的解释都不能与关键性证据矛盾。

有些情况下，与所有证据都吻合的解释可能有两种或多种，这就说明证据不足，不充分，需寻找更多的证据。只有解释具有唯一性时，才能说结论证据确凿，依据充分。如果受实际条件限制，收集不到更多证据时，应把可能的解释都列出来，供读者自己判断。

“分析解释”部分的写作方法有两种：“思维过程再现法”和“目标论证法”。

“思维过程再现法”指把作者如何得出结论的整个思维分析过程经过整理后条理分明地全部写出来。这种写作方法的优点是把作者的思维全过程展现在读者眼前，让读者知道结论是怎么得来的，让读者自己判断分析得是否有道理，结论是否可信；缺点是这种写法稍微有些繁琐，把握不好的话容易使表达发生一些混乱。

“目标论证法”指作者通过对各种解释综合评判后，选出最好的解释，然后列出支持这种解释的依据，至于为什么不可能是其他解释，则不写出来。这种写作方法的优点是目标明确，论证集中，有的放矢，条理清楚；但缺点是读者不知道为什么不可能是其他解释，只能靠自己去分析判断。很多情况下，读者有学生或专业知识不甚丰富的研究者，分析判断力较差些，不容易发现问题，不知道还有其他可能的解释，只能盲目信从作者的解释。这种写法，也确实容易使作者犯“简单思维”的错误。

现以“客观描述”中的两个例子为例，分别用“思维过程再现法”和“目标论证法”写作，展示两者的区别。

例 1：关于砂岩沉积环境的分析解释

（1）用“思维过程再现法”的写作方法表达：

沉积砂岩这种岩石类型的环境有多种，包括辫状河、曲流河、三角洲、滨浅湖、滨浅海、潮坪、浊积扇和沙漠。

砂岩填隙物为胶结物而非杂基，且发育交错层理，说明沉积环境是持续动荡，而非间歇动荡，仅这些证据就可以排除浊积扇沉积的可能性。

砂岩中岩屑含量高，成分成熟度低，而且磨圆差，分选只是中等，含树干化石，因此不会是滨浅海、潮坪、滨浅湖、沙漠沉积，因为这些环境的砂岩分选普遍好，磨圆较好，不含树干化石，而且滨浅海和潮坪砂岩的成分成熟度普遍高。

砂岩具有向上变细的正旋回，因此不会是三角洲前缘河口坝沉积，因为河口坝具有向上变粗的反旋回，而且砂岩上、下均为红色泥岩，代表陆上氧化环境，而非水下低能环境。砂岩本身像三角洲平原上的分流河道沉积，但砂岩上、下均为红色泥岩，而非富植物化石的暗色泥岩，因此也不会是三角洲平原沉积，因为三角洲平原是“填海(湖)造陆”形成的，地面潮湿、低洼，湿地发育，泥岩应富含有机质，颜色暗。

砂岩具有向上变细的正旋回，而且顶面为渐变面，因此不会是辫状河河道沉积，因为辫状河是游荡性河流，河道经常突然改道、废弃，因此砂岩顶面通常为突变面，砂岩多具均质沉积序列。

砂岩应为曲流河边滩沉积。砂岩底面为冲刷面，具有正旋回，成分成熟度低，分选中等，颗粒支撑，填隙物为胶结物，交错层理发育，含树干化石，与陆上泥岩伴生等，这些特征都与边滩沉积吻合。总之，只有曲流河边滩沉积的砂岩与所有证据都吻合，而其他解释总与其中一条或多条证据矛盾，因此，砂岩应为曲流河边滩沉积。

以上就是分析解释的思维全过程。

（2）用“目标论证法”的写作方法表达：

通过对砂岩各种特征的综合分析，认为该砂岩为曲流河边滩沉积，证据如下：

① 砂岩岩屑含量高，成分成熟度低，磨圆差，说明砂粒没有经过长距离、长期的搬运磨蚀，与河流沉积特征吻合。

② 砂岩为颗粒支撑，填隙物为胶结物，交错层理发育，说明河流常年流水，水动力较强，因此泥质不能在河道中沉积下来。

③ 砂岩分选中等，说明水流流速变化幅度不剧烈且变化不快，流速是逐渐降低的，这与河流特征相符。河流经常发洪水，但洪水消退过程中流速是逐渐降低的，不像洪积扇那样变化剧烈。

④ 砂岩底面为冲刷面，而且显示具有向上变细的正旋回，这与边滩沉积吻合。

⑤ 砂岩含树干化石，且与氧化色泥岩伴生，而氧化色反映为陆上沉积，因此砂岩应为陆地上的河道沉积。

总之，砂岩所有的特征都与曲流河边滩沉积吻合，因此应为曲流河边滩沉积。

由上述可见，文中没有讨论砂岩是否可能为其他环境沉积，当然作者分析解释时考虑过了，但没有写出来，只能靠读者自己根据经验分析判断作者的结论是否正确。

例2：关于白云岩成因的分析解释

（1）用“思维过程再现法”的写作方法表达：

关于白云岩的成因，前人做了很多研究，提出了多种形成机理，即原生沉淀、微生物成因、蒸发泵白云化、回流渗透白云化、混合水白云化、深埋藏白云化、热液白云化、玄武岩淡水淋滤白云化等。本区的白云岩属于哪种成因呢？

本区的白云岩为泥晶白云岩，晶粒很细，因此不会是回流渗透白云化、混合水白云化、深埋藏白云化、热液白云化和玄武岩淡水淋滤白云化，因为这些白云化机理形成的白云岩通常是较粗的砂糖状白云岩。

白云岩晶粒很细，说明白云石结晶速度快，晶核多，长不大。结晶快要求高盐度和高渗透率，缺一不可。渗透率控制离子供应速度，如果岩石渗透率很低，即使孔隙水盐度很高，离子供给速度也很慢，与稀溶液中结晶相似，形成的晶体较粗大，而不是泥、粉晶级的白云石。高盐度水通常是干旱气候下，泻湖中的海水或潮上带沉积物中的孔隙水经过蒸发浓缩形成的。如果白云石从咸化泻湖水中直接沉淀，可以形成泥、粉晶白云石；如果是潮上带灰质沉积物白云化形成的，那么白云化发生时沉积物必定是松软的，还未固结成岩，渗透率很高。

白云岩的碳氧同位素数值高，Na 和 Sr 含量高，而且普遍含有石膏结核，反映形成白云岩的水的盐度高，为干旱气候下蒸发浓缩形成的咸化海水。

原生沉淀白云、微生物白云岩和蒸发泵白云岩都是在咸化海水中形成的，晶粒都很细。

白云岩中发育层状叠层石、泥裂和鸟眼构造，说明白云岩形成于潮上带；泥质含量较高也是潮上带常见的特征，因为潮上带长期暴露于大气中，泥质是风沉积到潮上带的；白云岩中的石膏结核是在松软的沉积物中沉淀出来的，不是从咸化泻湖[①]中沉淀出来的，因为泻湖沉淀的石膏普遍呈层状，而不是结核状。因此，这些证据都表明白云岩不是从咸化泻湖中原生沉淀的，而是在潮上带形成的。由于潮上带长期暴露于大气中，属于强氧化环境，因此不是硫酸盐还原细菌等厌氧微生物形成的；白云岩的碳氧同位素数值普遍高，也反映不是微生物成因。

① 泻湖正确用法为潟湖，本书直接引用不同期刊文章、段落内容，在名词术语、体例格式方面尊重原刊物习惯，未作修改。——出版者注。

通过综合分析，该区的白云岩应是潮上带蒸发泵白云化形成的，因为晶粒细，发育层状叠层石、泥裂和鸟眼构造，泥质含量较高，石膏结核常见，碳氧同位素数值高，Na 和 Sr 含量高，都与该机理吻合。

（2）用“目标论证法”的写作方法表达：

通过综合分析，该区的白云岩应是潮上带蒸发泵白云化形成的，证据如下：

① 白云岩为细粉晶，碳氧同位素数值高，说明白云岩是咸化海水形成的，而且形成早。

② 白云岩中发育层状叠层石、泥裂和鸟眼构造，泥质含量较高，说明是在潮上带形成的。尤其白云岩中含石膏结核，说明气候干旱，蒸发强烈，与波斯湾南岸现代潮上带蒸发泵白云岩的特征相同。

总之，所有的证据都与蒸发泵白云化机理吻合，因此白云岩是潮上带蒸发泵白云化形成的。

这种写作方法就没有讲该白云岩为什么不可能是其他成因的。

更多范例见本章后面的论文实例。

6. 结论

结论就是研究成果的最终总结，就是通过研究后针对研究的问题所下的结论。结论中不再重复得出结论的依据以及所采用的方法。例如，针对一个人是好人还是坏人这个问题进行详细的调查后，结论就是“该人是好人”或“该人是坏人”，不再陈述为什么说他是好人或坏人。

例如，上述例 1 中针对砂岩沉积环境的研究结论是：该砂岩为曲流河边滩沉积；例 2 中针对白云岩成因的研究结论是：该白云岩为蒸发泵白云化成因。

一项研究往往涉及好几个方面，因此可以得出好几个结论，每个方面一个结论。

结论与摘要有什么不同呢？结论仅仅是研究的最终结论，不包括研究目的、研究方法、创新点等，因此结论是摘要的组成部分，摘要包含结论。

详见本章后面的论文实例。

7. 致谢

致谢就是对研究过程中给予过帮助的人进行感谢。一般说来，被谢的人虽给予过帮助，但其贡献不足以成为作者之一，其帮助主要体现在给研究提供便利条件、提供一些资料、与作者的交流对作者的观点有启发等。

详见本章后面的论文实例。

五、参考文献的写法

很多人不会写参考文献，常常将一些参考文献直接列在文章的后面，而正文中从未“参考”过。这种写法是错误的。

怎样引用参考文献？什么情况下需引用参考文献？文章列出的参考文献必须在正文中出现过，必须被“参考”过，而且在引用处要标记出来。

1. 什么情况下需引用参考文献

引用参考文献的情况一般分下列几种情况：

（1）在“引言”中进行研究现状调研时，要把提到的相关作者的研究成果作为参考文献列出来。例如：

辫状河砂体构型在此指单河道砂体在空间的排列组合型式，可以反映单河道砂体之间的连通程度及连通模式。定量参数包括两个层次，即单河道砂体的定量参数和内部构型单元的定量参数。单河道砂体的定量参数包括河道砂体的宽度、厚度、宽/厚比以及形态特征等。内部构型单元指组成单河道砂体的心滩、水道、落淤层等，其定量参数包括内部构型单元的宽度、厚度、宽厚比以及形态特征等。砂体构型及有关定量参数研究对油田开发阶段井网部署、注水井部署、剩余油挖潜和提高采收率具有重要意义。关于辫状河沉积及砂体构型，前人已经做了不少研究[1–9]，并总结出了一些构型模式[10–16]，但自然界中河流砂体构型是多种多样的，已有的构型模式还远非全部，还不能满足油田开发的需求，还有很多类型并没有总结出来，这需要更多的研究实例。

该段文字中，上标括号中的数字就是引用的参考文献。

（2）用前人的认识和结论辅助佐证自己的观点，这些认识和结论是得出自己的结论的依据之一，都是自己认同的，无须再通过自己的研究得出。当然，前人的这些认识和结论不能是自己研究的认识和结论，不能说类似“某某人也这么认为”这样的话，否则就是重复前人的研究和结论了，而只能起旁证的作用。例如：

在《准噶尔盆地腹部侏罗系深部优质储层成因》这篇文章中，是这样叙述的：

准噶尔盆地腹部侏罗系的优质砂岩储层为三角洲分流河道沉积[1]。砂岩以成分成熟度低的岩屑砂岩和长石质岩屑砂岩为主，压实作用强，是控制储层质量的主要成岩作用。通过铸体薄片和物性资料综合分析，认为研究区莫索湾地区在埋深3500～4500m之间发育孔隙度和渗透率较高的优质砂岩储层带，且此深部优质储层带是原生孔隙带，而非次生溶蚀孔隙带……

砂岩储层质量通常受沉积相和成岩作用的共同影响，但这篇文章中，重点研究成岩作用对砂岩储层质量的影响，不研究沉积相的影响，因此关于沉积相的类型直接引用前人的研究结论。读者如果想知道“三角洲分流河道沉积”这种认识是怎么得出来的，可去看该参考文献。

（3）用别人获得的数据资料、图、表等支持自己的观点，无须再通过自己的分析化验得出。例如，在一篇研究白云岩成因的文章中，是这样叙述的：

该白云岩的 $\delta^{13}C$ 为 +1‰～+2‰（PDB），$\delta^{18}O$ 为 −1‰～−3‰（PDB）[2]；Na 含量为 500ppm……

这里白云岩的 $\delta^{13}C$ 和 $\delta^{18}O$ 分析数据是引用参考文献 [2] 的。前人用这些数据佐证其他观点（例如研究古海洋的水温），或者用这些数据得出的结论与本文作者不同。本文作者没有再去分析化验，而是拿来这些数据得出自己的认识，将数据“为我所用”。

引用参考文献时需注意，对于已经成为公认的概念、知识、常识等则无须引用参考文献，尽管这些概念、知识、常识也是前人研究总结出来的。一般说来,用到教科书中的概念、知识等,无须注明出处,无须引用参考文献,除非情况特殊,作者感到有必要。例如,文章中提到类似“砂岩”“三角洲”“成岩作用”等常用术语时,无须注明该定义来自谁。

摘要、结论和文章各级标题上不能标注参考文献。只有特殊情况下的详细摘要中,可以引用参考文献。

2. 参考文献的格式和标注

1)格式

参考文献的格式,不同期刊的要求虽有所不同,但总体上相似。

(1)引用的参考文献为论文时,格式如下:

作者.题目.期刊名称,年,卷(期):页码

如:金振奎,冯增昭.华北地台东部下古生界白云岩的类型及储集意义[J].沉积学报,1993,11(2):11–19(注意:[J]指文献类型,J指期刊文章)

(2)引用的参考文献为书时,格式如下:

作者.书名.出版地:出版社,年:页码

如:金振奎.冀鲁帚状构造体系及其对油气运聚的控制作用.山东:中国石油大学出版社,1996:11–12(注意:页码为引用内容所在页码)

(3)引用的参考文献为论文集中的某篇文章时,格式如下:

作者.题目//编者.书名.出版地:出版社,年:页码

如:金振奎.华北地台下古生界白云岩的成因//冯增昭.华北地台下古生界岩相古地理.北京:石油工业出版社,2012:11–18(注意:页码为文章在书中的页码)

2)标注方法

参考文献的标注方法有两种。

一种是用序号作为上标标注,如:

这种白云岩是微生物成因[1];关于该地区寒武系的沉积相,多人做过研究[1–12]。

这种标注的优点是便于读者在文章后面所附的参考文献中能很快找到引用的这篇文章，对中文期刊比较适用；缺点是正文中看不出作者是谁，什么时候发表的。详见上面的范例和本章后面的范例。

另一种是在括号内注明第一作者姓名和日期，如：

云南昆明地区二叠系的白云岩形成与上覆巨厚的玄武岩有关（金振奎，1997）；关于华北寒武系中白云岩的成因，前人做过一些研究（张三，1998；李四和王五，1999；赵六等，2001）。

这种标注的优点是能让读者在正文中看到作者是谁，什么时候发表的，缺点是在文章后面所附的参考文献中需按照作者姓名英文字母的顺序或按照姓名的汉语拼音的顺序寻找引用的文章。当作者超过两名时，只写第一作者，其他作者用“等”代表。详见上面的范例。

不同的杂志有不同的要求，根据要求标注即可。

3. 多引用参考文献的益处

在这里要强烈建议读者：写论文时要多引用参考文献。这样做有如下好处：

（1）参考文献多反映作者看的文献多，尤其对研究现状把握得比较准。参考文献多少其实也是论文质量的一个标志。

（2）参考文献多有利于论文被录用。一般说来，审稿人如果看到论文引用了他的论文，心里会暗暗高兴，会尽可能让论文发表，因为论文引用率是评价论文的指标之一。谁都愿意让自己的论文多被引用。引用的参考文献多，论文送到被引用的审稿人手中的概率就大。尤其要注意引用所投刊物编委的论文，因为送到编委手中审稿的概率很高。

（3）要引用所投期刊中的论文，这会让期刊主编和编辑高兴，因为引用率是评价期刊的指标之一，会影响期刊的影响因子。一份期刊中的论文被引用的越多,期刊的影响因子越高。因此,引用所投期刊中的论文也有利于论文被该期刊录用,这是公开的秘密。

论文可分三大类:好的、一般的、差的。

好的论文是谁看了都认为好、必须要录用的论文。这类论文即使没有引用审稿人和所投期刊的论文也会被录用,但这类论文很少,一般不到10%。

一般的论文指有的审稿人认为合格、有的认为不合格的论文,是可录用、可不录用的论文。这类论文是否被录用,与是否引用审稿人和所投期刊的论文的关系很大。很多论文属于此类。

差的论文是谁看了都认为差、必须要退稿的论文。这类论文即使引用审稿人和所投期刊的论文也会被退稿。这类论文也较多。

可见,引用参考文献的数量往往决定了论文的命运。

六、范例

下面以一篇已经发表的文章为例,来示范各部分的写法。当然,这篇文章的写作方法未必是最佳的,仅供读者参考,读者自己可以思考怎样写会更好。

该范例据“金振奎,杨有星,余宽宏,王哲. 塔东地区寒武系白云岩成因类型. 古地理学报,2012,14(6):747-756”修改。

塔东地区寒武系白云岩的成因类型

金振奎 杨有星 余宽宏 王哲

(中国石油大学(北京)地球科学学院,北京,102249)

摘要: 塔东地区寒武系中白云岩发育,弄清白云岩的类型及其形成机理,有助于预测白云岩储层分布。该区白云岩主要有泥–粉晶白云岩、细晶白云岩和中–粗晶白云岩。通过岩石学特征、有序度、碳氧同位素、锶同位素比值、阴极发光、微量元素等分析,认为该地区有4种成因的白云岩,即深水回流准同生白云岩、潮坪蒸发泵准同生白云岩、回流渗透白云岩以及深埋藏白云岩。不同类型的白云岩,其岩性及地球化学特征不同。深水回流准同生白云岩为泥-粉晶白云岩,分布在塔东盆地中,是附近的碳酸盐岩台地上蒸发浓缩形成的咸化海水在重力作用下沿海底回流到深水盆地中并使刚沉积不久的灰泥发生白云化而形成的。潮坪蒸发泵准同生白云岩为泥-粉晶白云岩,形成于台地潮坪环境。回流渗透白云岩为细晶白云岩,发育于潮坪准同生白云岩和蒸发岩之下。深埋藏白云岩为中-粗晶白云岩,是石灰岩在地下深处由循环流动的富含Mg^{2+}、Ca^{2+}等离子的地层水白云化形成的,Mg^{2+}、Ca^{2+}等离子主要来自已经存在的白云岩的溶蚀,而非来自页岩压实排替出来的地层水。本文不仅确定了白云岩的成因类型,而且提出了一种新的白云化机理——深水回流准同生白云化。

关键词:塔东地区;寒武系;深水回流准同生白云岩;蒸发泵准同生白云岩;回流渗透白云岩;深埋藏白云岩

第一作者简介 金振奎,男,1963年生,教授,博士生导师,主要从事储层地质学、沉积学及层序地层学方面的研究。E-mail: jinzhenkui@188.com。 电话:010-89733703

Genetic Types of Dolostones in the Cambrian, East Tarim Basin

Jin Zhenkui; Yang Youxing; Yu Kuanhong; Wang Zhe

(College of Geosciences, China University of Petroleum, Beijing, 102249, China)

Abstrac:The types of dolostones in the Cambrian in East Tarim Basin include mud-sized-silt-sized crystalline dolostone, fine crystalline dolostone and medium-coarse crystalline dolostone. Based on sedimentary characteristics, order degree analysis, carbon and oxygen isotope analysis, strontium isotope analysis, cathodoluminescence and trace elements analysis, four dolomitization mechanisms were proposed for these dolostones, that is, deep water reflux penecontemporaneous dolomitization, evaporation pumping penecontemporaneous dolomitization, reflux seepage dolomitization, and burial dolomitization. Dolostones by different dolomitization mechanisms show different lithological and geochemical characteristics. Deep water reflux penecontemporaneous dolostone is microcrystalline dolostone and occur in East Tarim Basin. It results from penecontemporaneous dolomitization of lime mud by hypersaline sea water, which forms on the adjacent evaporative Tarim Carbonate Platform and flows into the deep East Tarim Basin along sea floor. Evaporative pumping dolostone is microcrystalline dolostone and occurs on the carbonate platform. It form in the tidal-flat environments. Reflux seepage dolostone is fine crystalline dolostone and commonly occurs beneath evaporative pumping dolostone and evaporites on the carbonate platform. Burial dolostone is medium-coarse

Evaporative pumping dolostone dolostone. It results from dolomitization of limestone in deep burial environments by water rich in Mg^{2+} and Ca^{2+}. Mg^{2+} and Ca^{2+} comes from the dissolution of previous dolostones, rather than from compaction of shale.

Key words East Tarim Basin; Cambrian; deep water reflux penecontemporaneous dolostone; evaporative penecontemporaneous dolostone; reflux seepage dolostone; burial dolostone

About the first author Jin Zhenkui, born in 1963, is a professor and PhD supervisor with China University of Petroleum (Beijing) and mainly engages in reservoir geology, sedimentology and sequence stratigraphy. E-mail: jinzhenkui@188.com Tel: 010-89733703

关于白云岩的成因，前人已经做了很多研究，对白云岩成因的认识多种多样，如蒸发泵准同生白云化、回流渗透白云化、混合水白云化、深埋藏白云化、玄武岩淋滤白云化、热液白云化等(Feng Zengzhao et al.,1996,1998；金振奎等，1993,1999；M. T. Cioppa et al,2003)。甚至对同一地区、同一层位的白云岩，不同的研究者提出的成因解释不同，这也反映了白云岩成因的复杂性和地球化学证据的多解性。尽管以往关于塔里木盆地下古生界白云岩成因的研究很多(马峰等,2009a,2009b；刘永福等,2008；邵龙义等,2002；吴仕强等,2008；杨威等，2000；沈昭国等,1995; 黄文辉等,2012)，但并没有提出一种新的白云化机理，大都是套用已有的成因机理来解释研究地区的白云岩。

本文通过对塔里木盆地塔东地区寒武系白云岩的研究，识别出了 4 种成因的白云岩，并提出了一种新的白云化机理，即深水回流准同生白云化，用来解释深水盆地沉积中出现的薄层泥 – 粉晶白云岩的成因。

1 沉积背景

塔东地区位于塔里木盆地东端，其东南面为阿尔金山，东北面为库鲁克塔格山(图 1)。区内寒武系和奥陶系广泛分布。由于埋藏深，目前钻遇寒武系的井只有 7 口，即塔东 1、塔东 2、英东 1、英东 2、罗西 1、米兰 1 以及古城 4。

根据寒武纪和奥陶纪岩相古地理研究，本区在寒武纪和早—中奥陶世，中、东部为深水盆地，即塔东盆地，西部为碳酸盐岩台地，即塔里木台地 (冯增昭等，2006)。盆地与台地的分界在古城 4 井附近，该井钻遇奥陶系和上寒武统顶部。根据该井相分析，中、下奥陶统以石灰岩沉积为主，为台地边缘浅滩和蓝绿藻丘沉积的石灰岩；寒武系主要为泥 – 粉晶白云岩夹细晶白云岩。在地震剖面上，台地发育较陡的斜坡，与盆地分界明显(图 2)。

近些年研究发现，在罗西 1 井一带，也发育一个小型的碳酸盐岩台地，其规模比塔里木碳酸盐岩台地要小得多。地震剖面揭示，该台地同样发育较陡的斜

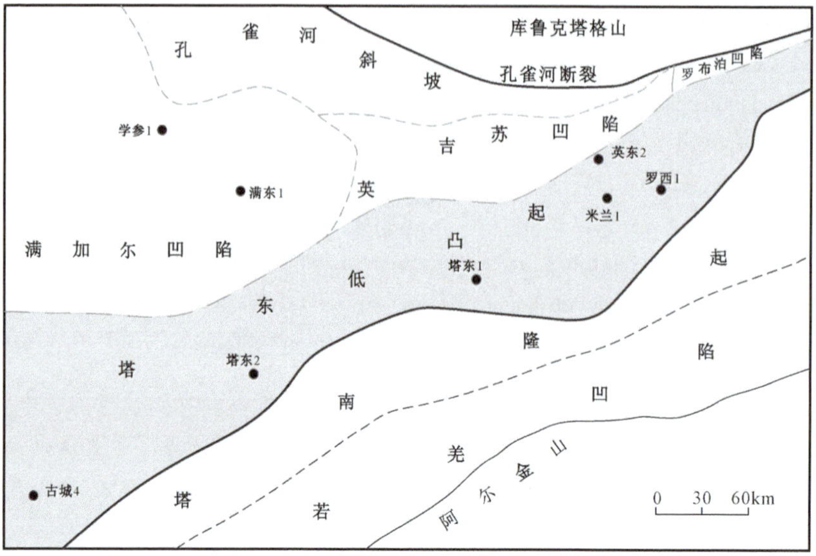

图1　塔东地区地理位置及构造单元图

Fig.1　Locaiton and structural units of east Tarim basin

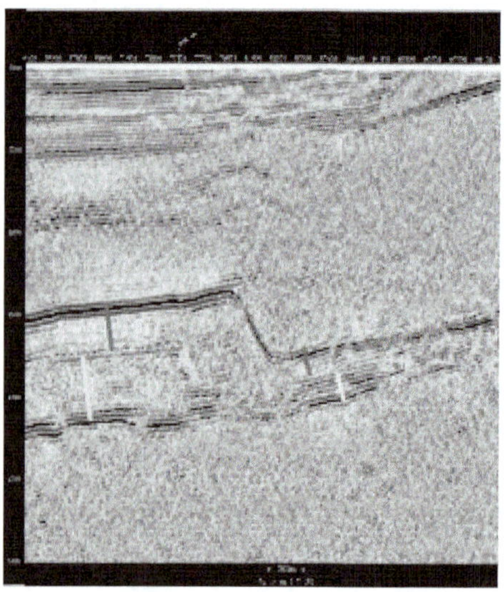

图2　古城4井附近东西向地震剖面（GC05-405）
①中下奥陶统，②寒武系

Fig.2　East-west seismic profile of Gucheng 4 well area（GC05-405）
① Middle-Lower Ordovician，② Cambrian

坡。罗西1井与古城4井一样，钻遇奥陶系和上寒武统顶部，主要为台地边缘浅滩和蓝绿藻丘沉积的石灰岩。

本区塔东1、塔东2、英东1、英东2、米兰1等5口井位于塔东低凸起上，均钻穿了寒武系。在这些井中，寒武系为深水盆地沉积。中、下寒武统主要为黑色页岩夹暗色薄层泥－粉晶白云岩和泥晶石灰岩，以及一些薄层硅岩；上寒武统为暗色中、薄层泥－粉晶白云岩、细－粗晶白云岩及灰泥石灰岩和颗粒石灰岩。颗粒石灰岩粒序层理发育，为浊流沉积。总体上寒武系自下而上，碳酸盐岩增多，页岩减少（图3）。

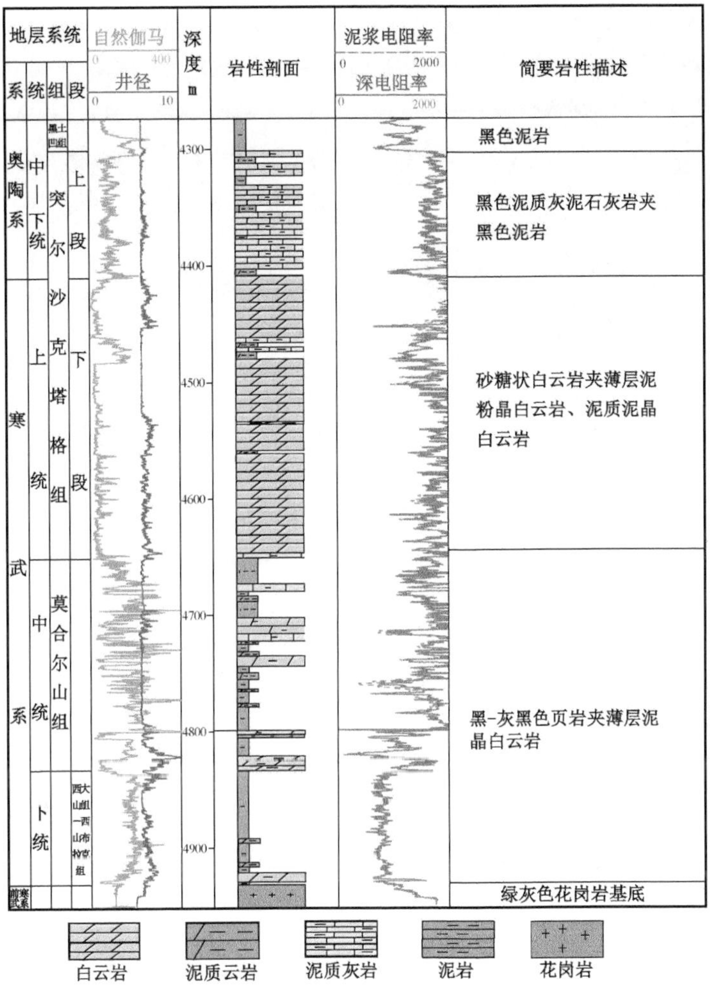

图 3　英东 2 井寒武 – 奥陶系柱状图

Fig.3　Stratigraphic colum of Cambrian-Ordovician in Ying Dong 2 well

2　白云岩成因类型

研究认为本区的白云岩有 4 种成因类型，即深水回流准同生白云岩、潮坪蒸发泵准同生白云岩、回流渗透白云岩、深埋藏白云岩。

2.1　深水回流准同生白云岩

该类白云岩发育于塔东盆地区塔东 1、塔东 2、英东 1、英东 2、米兰 1 等 5 口井的寒武系中，尤其是中、下寒武统。

（1）岩石学及地球化学特征

岩心及镜下观察表明，该类白云岩晶粒很细，主要由泥 – 粉晶白云石组成

（图 4）；呈灰黑色，薄层状（单层厚度几厘米）；水平层理发育，见一些硅质放射虫，常见粉晶级黄铁矿侵染其中；与黑色页岩互层伴生。X－射线衍射分析表明，其有序度低（表 1，图 5）。

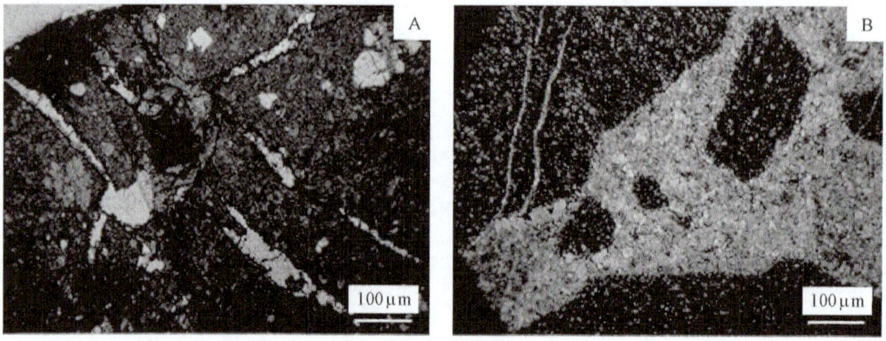

图 4　深水回流准同生白云岩特点

Fig.4　Features of deep water reflux penecontemporaneous dolostone

A. 泥晶云岩，垮塌碎裂缝发育，其内充填白云石和方解石胶结物，单偏光，塔东 2 井，4969.93m，下寒武统；B. 泥粉晶角砾白云岩，角砾由泥晶白云石组成，填隙物为粉晶白云石胶结物，英东 2 井，4454.65m，上寒武统；

表 1　塔东地区寒武系白云岩有序度值

Table 1　Degree of order of dolomites in the Cambrian，East Tarim Basin

井号	深度 /m	层位	岩性	峰高比值	峰面积比值	井号	深度 /m	层位	岩性	峰高比值	峰面积比值
英东2井	4415	$\in_3$	泥晶白云岩	0.54	0.78	米兰1井	5260.86	$\in_3$	泥晶云岩	0.57	0.75
	4419.3	$\in_3$	泥晶白云岩	0.37	0.53		5289.13	$\in_3$	泥晶云岩	0.37	0.75
	4424.73	$\in_3$	泥晶白云岩	0.52	0.61		5249.35	$\in_3$	泥晶云岩	0.28	0.42
	4452.98	$\in_3$	泥晶白云岩	0.3	0.45		5250.94	$\in_3$	泥晶云岩	0.36	0.45
	4588.69	$\in_3$	粉晶白云岩	0.75	0.88		5251.6	$\in_3$	泥晶云岩	0.35	0.4
	4586.57	$\in_3$	中晶白云岩	0.86	0.89		5252.5	$\in_3$	泥晶云岩	0.28	0.43
	4586.89	$\in_3$	细晶白云岩	0.97	1.01		5253.15	$\in_3$	泥晶云岩	0.28	0.44
	4587.55	$\in_3$	中晶白云岩	0.8	0.97		5356.86	$\in_3$	细晶云岩	1.14	1.03
	4588.26	$\in_3$	中晶白云岩	0.87	1.03		5358.11	$\in_3$	细晶云岩	0.99	0.97
	4589.13	$\in_3$	细晶白云岩	0.81	0.89		5429.02	$\in_3$	细晶云岩	0.83	0.94
							5523.52	$\in_3$	细晶云岩	0.86	0.89

地球化学分析表明，该类白云岩碳氧同位素数值较高，其 $\delta^{13}C$ 为 +0.45‰~+2.5‰（PDB），大都为 +0.6‰~ +1.5‰；$\delta^{18}O$ 为 −8.1‰~−3.1‰（PDB），大都为 −7‰~−5‰（PDB）（图 6）。锶同位素比值较高，为 0.70892~0.71331，平均 0.71064（表 2，图 5、图 6）。

表 2 塔东地区寒武系白云岩 $^{87}Sr/^{86}Sr$ 值统计表

Table 2 $^{87}Sr/^{86}Sr$ of dolostones in the Cambrian, East Tarim Basin

井号	深度 /m	岩性	$^{87}Sr/^{86}Sr$
米兰1井	5251.79	青灰色泥晶云岩	0.71331 ± 0.00006
	5253.22	泥粉晶云岩	0.71199 ± 0.00005
	5255.84	泥晶云岩	0.71041 ± 0.00007
	5260.86	泥晶云岩	0.71033 ± 0.00005
	5252.50	灰色泥质泥晶云岩	0.71301 ± 0.00005
	5326.13	灰色细晶云岩	0.71060 ± 0.00010
	5355.46	泥晶云岩	0.70947 ± 0.00008
	5656.70	青灰色泥晶云岩	0.70892 ± 0.00002
	5358.11	细晶云岩	0.70966 ± 0.00004
	5524.67	中晶云岩	0.71021 ± 0.00010
英东2井	4415	青灰色泥晶云岩	0.71034 ± 0.00006
	4419.3	青灰色泥晶云岩	0.71011 ± 0.00003
	4422.05	青灰色泥晶云岩	0.71044 ± 0.00007
	4423.59	青灰色泥晶云岩	0.70959 ± 0.00002
	4454.76	泥晶云岩	0.71032 ± 0.00005
	4586.27	浅灰色泥晶云岩	0.71017 ± 0.00005
	4589.13	细晶云岩	0.70976 ± 0.00006
	4587.55	中晶云岩	0.70983 ± 0.00003
	4588.26	中晶云岩	0.70922 ± 0.00002

（2）成因分析

根据各种特征分析，这类白云岩应该是在深水盆地形成的，具有如下特点；

① 白云化水体盐度高，而且发生早，属准同生阶段白云化。晶粒很细，而且有序度低（表 1，图 5），反映白云石结晶速度快（增理等，2004）。而根据晶体结

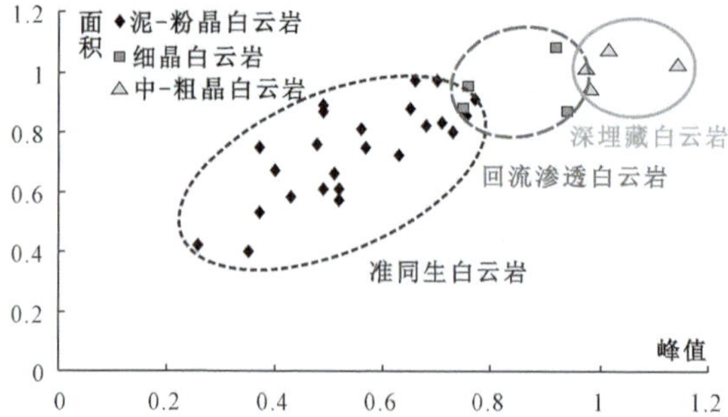

图 5　塔东地区寒武系不同类型白云岩有序度分布

Fig.5　Degree of order of different types of dolomites in the Cambrian, East Tarim Basin

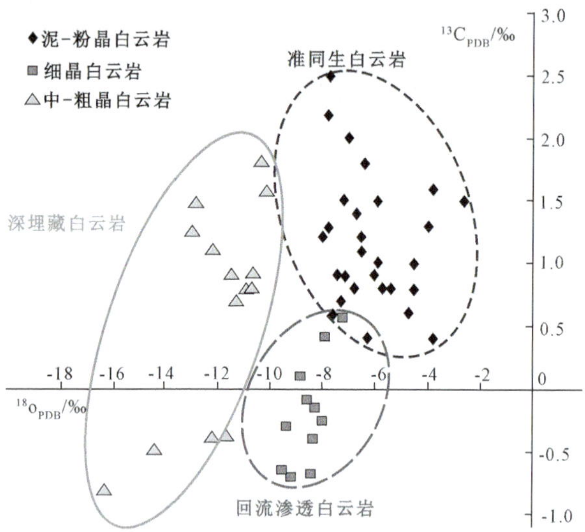

图 6　塔东地区寒武系白云岩碳氧同位素分布

Fig.6　Carbon and oxygen isotope composition of dolostones in the Cambrian, East Tarim Basin

晶原理及现代泥晶白云岩形成环境，白云石结晶速度要快，必须要求 Mg^{2+}、Ca^{2+}、CO_3^{2-} 等离子的浓度要高，即白云化水体盐度高，是正常海水盐度的数倍甚至更高。同样，要形成泥粉晶级的白云石，白云化时间要早，不晚于准同生阶段，即在沉积物尚处于松软状态，因为这种情况下，沉积物孔隙度高，渗透率率高，能保证离子快速移动，及时补充进入晶格的离子，保持晶体表面附近离子浓度一直较高。

白云岩的碳氧同位素数值和锶同位素比值均较高（图 6，表 2），与潮坪蒸发泵准同生白云岩的相近（表 3），进一步说明白云化水体盐度高（Scott Durocher and Ihsan S. Al-Aasm，1997）。

② 白云岩是在深水盆地环境形成的。白云岩为深灰色、灰黑色，薄层状，与黑色页岩互层伴生，并常见侵染状黄铁矿，未见波痕或生物扰动，反映水深在风暴浪基面之下，水体循环受限，海底为缺氧的强还原环境，基本没有底栖生物活动。

深水盆地中的高盐度海水从哪里来？笔者认为，咸化海水主要来自盆地附近的碳酸盐岩蒸发台地。在寒武纪，尤其是早、中寒武世，塔里木碳酸盐岩台地上广泛发育膏岩和盐岩（何宏等，2002；赵宗举等，2005；吕修祥等，2009；金之钧等，2010），在柯平等地的寒武系露头上，寒武系中膏溶角砾岩发育普遍。因此，在寒武纪，尤其是早、中寒武世，气候干旱，蒸发强烈，在台地上形成了大量咸化海水。这种咸化海水密度高，不仅使台地上的灰质沉积物发生白云化，还会流到邻近的深水盆地中，使海底刚沉积不久的灰泥沉积发生白云化。这种由台地上形成的高密度咸化海水，在重力作用下，以底流的形式沿海底回流到低洼的深水盆地中，使盆地松软的沉积物发生白云化的机理，在此称“深水回流准同生白云化”。阴极发光分析表明，这类白云岩阴极发光呈暗红色（图 4），说明白云石中 Fe^{2+} 含量较高，反映是在还原环境中发生的白云化，与深水盆地环境吻合。

在深水盆地中，目前虽未钻遇膏岩层，但见膏溶角砾白云岩（图 4–B）及垮塌形成的碎裂纹（图 4–A），说明确实存在高盐度咸化海水。膏溶角砾白云岩的角砾棱角清楚，大小混杂，没有分选，没有定向排列，尤其是角砾之间为亮晶白云石或方解石胶结物，这与碎屑流沉积的砾屑石灰岩（或白云岩）不同，后者的填隙物为通常灰泥，而且砾屑有一定分选性。

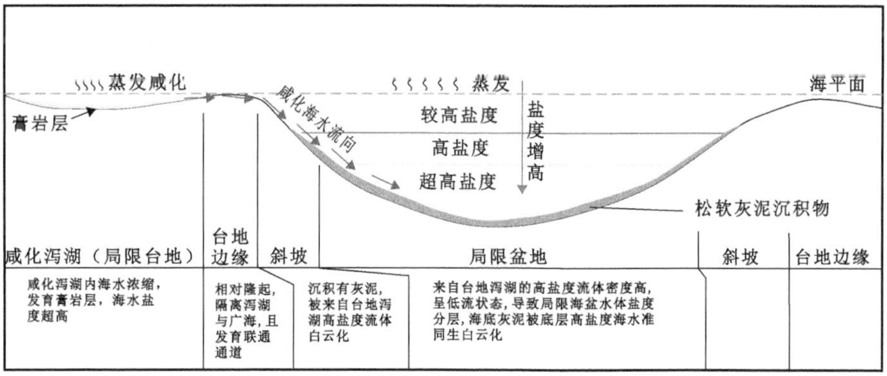

图 7　深水回流准同生白云化机理示意图

Fig.7　Sketch map of deep water reflux penecontemporaneous dolomitization mechanism

2.2 潮坪蒸发泵准同生白云岩

这类白云岩分布于碳酸盐岩台地上的古城4和罗西1井中的寒武系以及广大的塔里木碳酸盐岩台地。

(1)岩石学及地球化学特征

潮坪准同生白云岩形成于沉积物沉积不久,还未脱离沉积环境时发生的白云化作用(Friedman and Sanders,1967;Hsu and Siegenthaler,1969)。该类白云岩为泥－粉晶白云岩,浅灰色、黄灰色,薄层状;常见叠层石、鸟眼构造、水平层理、石膏结核或板条状石膏晶体(或其假晶);泥质含量较高,自然伽马普遍比纯碳酸盐岩高。

该类白云岩的碳氧同位素及微量元素显示高盐度。泥－粉晶白云岩富集较重的碳、氧同位素,其数值是较高的(表3)。另外Sr、Ba、B等元素也相对富集(表3)。这些都表明白云化水为高盐度咸化海水。

表3 塔里木盆地寒武系白云岩碳氧同位素及微量元素

Table 3 Carbon and oxygen isotope composition and trace elements of dolostones in the Cambrian, Tarim Basin Cambrian, East Tarim Basin

井号	深度/m	岩性	$\delta^{13}C$/‰ PDB	$\delta^{18}O$/‰ PDB	Mn/ppm	Sr/ppm	Ba/ppm	B/ppm
和4井	5082.3	泥－粉晶云岩	-1.21	-6.40	32.8	911.4	—	159.5
和4井	5300.1	泥晶云岩	0.89	-6.70	28.1	156.9	—	63.9
巴东4井	6429.5	含膏藻云岩	-1.00	—	55.7	546.0	—	4.0
柯坪剖面	$\in_{1w}$	泥－粉晶云岩	-1.30	-5.7	224.65	88.80	38.43	22.00
柯坪剖面	$\in_{2a}$	泥－粉晶云岩	-1.80	-5.88	123.94	137.00	95.90	12.20
柯坪剖面	$\in_{3-1}$	泥－粉晶云岩	2.7	-6.00	61.97	78.50	8.13	17.90

(2)成因机理

颜色浅,层薄,叠层石、鸟眼构造和水平层理常见,泥质含量较高,这些都说明该类白云岩形成于潮上带。

晶粒细,有序度低,反映白云石结晶快,是由咸化海水在沉积物尚呈松软状态时白云化形成的。碳氧同位素数值较高,常见石膏结核或晶体,均反映白云化水体确实是高盐度的咸化海水。

上述岩石学和地球化学特征表明,这类白云岩是典型的干旱气候潮上带蒸发泵准同生白云岩,是由蒸发浓缩形成的咸化海水,使松软的潮上带灰质沉积白云化形成的。

2.3 回流渗透白云岩

① 岩石学及地球化学特征

该类白云岩为细晶白云岩(图8),浅灰色、灰色,中、厚层状,均质无层理;有些可见鲕粒、砂屑等颗粒的轮廓,广泛分布于碳酸盐岩台地上。白云岩质纯,自然伽马很低,电阻率很高。这类白云岩普遍存在"蒸发帽",即其上覆地层多为潮上带蒸发泵准同生白云岩或蒸发岩。

图8 细晶白云岩,单偏光,米兰1井,5325.24m,寒武系

Fig.8 Fine dolostone, single polarized light, Milan Well 1, 5325.24m, Cambrian

该类白云岩的碳氧同位素数值较高,反映海水是咸化的。本区回流渗透白云化形成的细晶白云岩的 $\delta^{13}C$ 及 $\delta^{18}O$ 值较高,仅比准同生白云岩值略低,反映盐度也较高。

② 成因机理

该类白云岩晶粒较粗,白云石有序度较高,说明白云石结晶较慢。其碳氧同位素较高,说明水体盐度较高,是蒸发浓缩形成的。盐度较高而晶体较粗,说明应是已经固结的石灰岩白云化形成的。石灰岩的孔隙度和渗透率远比松软的沉积物低。由于流体渗流速度很慢,进入白云石晶格的离子得不到及时补充,导致白云石生长速度慢。此外,由于白云化发生在地下还原环境,白云石含较高的 Mn^{2+} 和 Fe^{2+},其阴极发光呈暗红色。

由于这类白云岩与潮上带准同生白云岩和蒸发岩共生,因此其白云化机理应为回流渗透白云化。潮上带或潟湖蒸发浓缩的高密度咸化海水在重力作用下,向下回流渗透,导致下伏的石灰岩发生白云化(Gareth D et al, 2003)。

2.4 深埋藏白云岩

(1)岩石学及地球化学特征

该类白云岩晶粒粗大,为细到粗晶,以中-粗晶为主(图9),分布于碳酸盐岩台地及盆地沉积中。其碳氧同位素数值低,轻同位素富集,比泥-粉晶白云岩和细晶白云岩都低(图6);锶同位素比值也低(表2)。据流体包裹体分析,其均一化温度为119.3~186.9℃,反映其形成温度高(表4)。此外,白云岩中常见白云石晶体"切入"缝合线现象(图10)。缝合线通常是在深埋藏条件下压溶形成的。白云石切割缝合线,说明白云石形成比缝合线更晚,更深。由于缝合线由有机质、粘土等不溶残余物质组成,会阻碍白云石生长,因此如果缝合线不溶残余物质较厚,白云石通常难以将其切穿;但如果很薄,白云石晶体则可将其切断。

表 4　塔东地区寒武系深埋藏白云岩流体包裹体测温数据

Table 4　Homogenization temperatures of burial dolostones in the Cambrian, East Tarim Basin

井号	地层	深度 /m	平均均一温度 /℃
英东 2	$\in_3$	4 417.65	135.8
			119.3
	$\in_3$	4 588.90	167.2
米兰 1	$\in_2$	5 655.83	171.5
			186.9

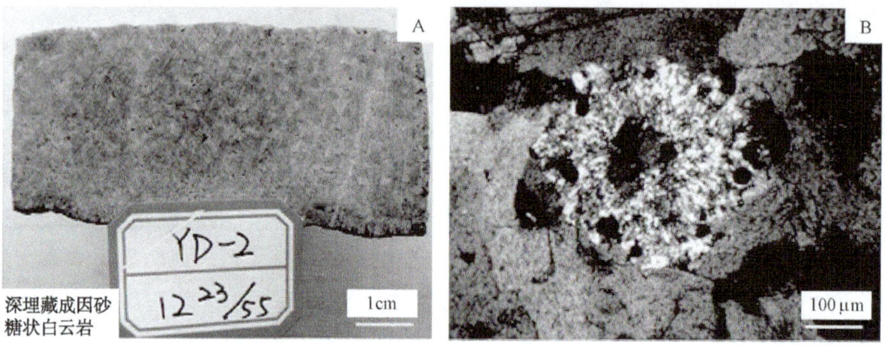

图 9　深埋藏成因白云岩特征

A. 粗晶白云岩，晶粒粗大，肉眼即能分辨，粒径 1.5～2mm，英东 2 井上寒武统；

B. 中晶云岩，局部硅化，英东 2 井，4588.28m，上寒武统

Fig.9　Characteristic of burial dolostones in the Cambrian, East Tarim Basin

（2）成因机理

该类白云岩晶粒粗大，有序度高，说明白云石结晶速度缓慢，其氧同位素数值很低，而流体包裹体均一化温度高，说明该类白云岩是深埋藏条件下由热水白云化形成的。

实验室内，在常温常压下，不能人工合成白云石，而在 100℃以上时，可以人工合成白云石。这说明温度高时白云岩形成的动力学障碍减弱，有利于白云石的形成。本区奥陶系现今埋藏深度都在 4000m 以上，可达 6000m 左右，因此地层温度较高，在 100℃以上，因此只要有充足的 Mg^{2+}、Ca^{2+} 等离子来源，完全可以发生白云化。

关于深埋藏条件下形成白云岩所需的 Mg^{2+}、Ca^{2+} 等离子的来源，很多研究

者认为是附近大套页岩压实排替出来的残留在地层中的海水。但笔者认为，页岩埋深超过1500～2000m后，其孔隙度就降低到5%左右了，即使埋深进一步加大，压实量增加也不明显了，压实排替出来的残留海水数量有限，提供的Mg^{2+}、Ca^{2+}等离子数量更是十分有限，因此不能引起大规模白云化。在本区及广大的塔里木碳酸盐岩台地区，中、上奥陶统中发育大套海相页岩，但页岩中所夹的石灰岩并未发生白云化。这说明白云化与页岩基本无关。在塔里木盆地，整个奥陶系白云化程度普遍比寒武系弱很多，中、上奥陶统完全没有白云化，下奥陶统也是在底部有一些白云岩分布，而页岩在奥陶系却十分发育。

笔者认为，深埋藏条件下白云化所需要的Mg^{2+}、Ca^{2+}等离子主要来自先期存在的白云岩(各种准同生白云岩、回流渗透白云岩甚至稍早些形成的深埋藏白云岩等)的溶蚀。本区白云岩中深部溶蚀作用形成的孔洞分布普遍(金振奎，余宽宏，2011)，而这种溶蚀作用可以释放大量Mg^{2+}、Ca^{2+}等离子，导致临近的石灰岩发生白云化。

图10 中晶云岩中缝合线被白云石"切入"(箭头附近)，"切入"处缝合线明显变薄。米兰1井，5524.29m，上寒武统

Fig.10 Dolomite crystals "cut into" (indicated by arrow) stlylolite in medium crystalline dolostone. Well Milan–1, 5524.29m, upper Cambrian

据此观点，要形成深埋藏白云岩，必须先有其他成因的白云岩存在，否则难以形成。

3 结论

本次研究主要得出如下结论：

(1)塔东地区寒武系白云岩类型较多，有泥－粉晶白云岩、细晶、中晶至粗晶白云岩。其成因类型包括深水回流准同生白云岩、潮坪蒸发泵准同生白云岩、回流渗透白云岩以及深埋藏白云岩。

(2)深水回流准同生白云化是蒸发台地上形成的高密度的咸化海水沿海底回流到深水盆地中，使刚沉积不久的灰泥发生白云岩，该机理可用来解释深水盆地泥－粉晶白云岩的成因。

(3)深埋藏白云岩是在地下深处由循环流动的富含Mg^{2+}、Ca^{2+}等离子的地层水白云化形成的，Mg^{2+}、Ca^{2+}等离子主要来自已经存在的白云岩的溶蚀，而非来自页岩压实排替出来的地层水。

参考文献

沈昭国，陈永武，郭建华．塔里木盆地下古生界白云石化成因机理及模式探讨 [J]. 新疆石油地质，1995，16（4）：319–324

冯增昭，鲍志东，吴茂炳等，塔里木地区寒武纪岩相古地理[J]. 古地理学报，2006，8（4）：427–439

何宏，彭苏萍，邵龙义等．巴楚隆起与阿瓦提凹陷寒武系及奥陶系沉积古地理分析 [J]. 煤田地质与勘探，2002，30（6）：1–4

黄文辉，王安甲，万欢，樊太亮，于炳松．塔里木盆地寒武 – 奥陶系碳酸盐岩储集层特征及主控因素 [J]. 古地理学报，2012，14（2）：197–208

金振奎，冯增昭．华北地台东部下古生界白云岩的类型及储集意义 [J]. 沉积学报，1993，11（2）：11–19

金振奎，冯增昭．滇东—川西下二叠统白云岩的形成机理 – 玄武岩淋滤白云化 [J]，沉积学报，1999，17（3）：383–389

金振奎，余宽宏．白云岩储集层埋藏溶蚀作用特征及意义 – 以塔里木盆地东部下古生界为例 [J]. 石油勘探与开发，2011，38（4）：428–434

金之钧，周雁，云金表等．我国海相地层膏盐岩盖层分布与近期油气勘探方向 [J]. 石油与天然气地质，2010，31（6）：715–724

吕修祥，白忠凯，付辉．从东西伯利亚看塔里木盆地寒武系盐下碳酸盐岩勘探前景 [J]. 新疆石油地质，2009，30（2）：157–162

刘永福，桑洪，孙雄伟等，塔里木盆地东部震旦—寒武白云岩类型及成因 [J]. 西南石油大学学报（自然科学版），2008，30(5):27–31

马锋，顾家裕，许怀先等．塔里木盆地东部上寒武统白云岩沉积特征 [J]. 新疆石油地质，2009a，30（1）：33–37

马锋，许怀先，顾家裕等．塔东寒武系白云岩成因及储集层演化特征 [J]. 石油勘探与开发，2009b，36（2）：144–155

邵龙义，何宏，彭苏萍，李瑞军．塔里木盆地巴楚隆起寒武系及奥陶系白云岩类型及形成机理 [J]. 古地理学报，2002，4（2）：19–28

吴仕强，朱井泉，王国学，胡文暄，张军涛，王小林．塔里木盆地寒武—奥陶系白云岩结构构造类型及其形成机理 [J]. 岩石学报，2008，24（6）：1390–1400

杨威，王清华，刘效曾．塔里木盆地和田河气田下奥陶统白云岩成因 [J]. 沉积学报，2000，18（4）：544–548

增理，万茂霞，彭英．白云岩有序度及其在石油地质中的应用．天然气勘探与开发 [J]，2004，27（4）：64–72

赵宗举，周新源，郑兴平，等．塔里木盆地主力烃源岩的诸多证据 [J]. 石油学报，2005，26(3):10–15

Feng Zengzhao, Jin Zhenkui. Types and origin of dolostones in the Lower Palaeozoic of the North China Platform[J]. Sedimentary Geology, 1996. 94(3–4): 279–290

Feng Zengzhao, Zhang Yongsheng, Jin Zhenkui. Type, origin, and reservoir characteristics of dolostones of the Ordovician Majiagou Group, Ordos, North China Platform[J]. Sedimentary Geology, 1998. 118(1–4): 127–140

Friedman G M, Sanders J E. Principle of Sedimentology. In:Chil–ingar GV, Bissell H J, Fairbridge R W eds. Carbonate Rocks: Origin, Occurrence and Classification. Amesterdam: Elsevier, 1967:100–120

Gareth D. Jones, Peter L. Smart, Fiona F. Whitaker, Benjamin J. Rostron, and Hans G. Machel. Numerical modeling of reflux dolomitization in the Grosmont platform complex (Upper Devonian), Western Canada sedimentary basin[J]. AAPG Bulletin, 2003, 87(8): 1273–1298

Hsu K J, Siegenthaler C.Preliminary experiments on hydrody–namic movement induced by evaporation and their bearing on the dolomite problem[J]. Sedimentology, 1969, 12:11–25

M. T. Cioppa, I. S. Al–Aasm, D. T. A. Symons, and K. P. Gillen, Dating penecontemporaneous dolomitization in carbonate reservoirs: Paleomagnetic, petrographic, and geochemical constraints[J], AAPG Bulletin, v. 87, no. 1 (January 2003), pp. 71–88

Scott Durocher and Ihsan S. Al–Aasm. Dolomitization and neomorphism of Mississippian (Visean) Upper Debolt Formation, Blueberry Field, Northeastern British Columbia: Geologic, Petrologic, and Chemical Evidence[J]. AAPG Bulletin, 1997, 81(6): 954–977

第三章　综述论文写作及实例

综述论文(review paper)是针对某个领域的研究成果进行系统总结、分析、评论的论文。与原创性论文不同,综述论文的成果认识主要是前人的,当然也需要加入自己对这个问题的看法或加入自己的一些最新研究成果。原创性论文的成果认识主要是作者自己的。

综述论文的目的是让读者了解某个领域的研究历史、现状、存在的主要问题和发展趋势,是作者替读者阅读了大量参考文献后写出来的。很多读者没有时间或没有条件阅读大量文献,但又想了解某个领域的研究现状,因此就特别希望读到高水平的综述论文。一篇好的综述论文,可以使读者快速掌握某个领域的最新成果和动向,站到这个领域的前沿。因此,这类论文是很受欢迎的。

如何写综述论文呢?下面就介绍综述论文的选题和写作方法。

一、论文选题

该写哪个方面的综述论文呢?当然任何研究领域都可以,都需要这样的综述论文。一般说来,选题还是要遵循一些原则。

1. 题目最好是研究热点

热点就是很多研究者的关注点。关于热点的综述论文,读者多,引用率高。相反,如果综述论文的选题是冷门,没有多少人研究,阅读量就小,引用率就低。因此,最好选择热点话题写综述论文，尤其是有争议的话题。

2. 应是自己熟悉的研究领域

要写出高水平的综述论文，作者必须在这个领域有较高的造诣，做过较多类似的研究，这样才会有亲身体会，有自己的观点，能发现问题，才能对前人的研究成果“评头论足”。

3. 近期该领域没有类似的综述论文

自己的选题应该是数年内别人没有写过的，或者有自己独到的见解，认为别人写的不令人满意。

例如，国内外沉积学界近些年的研究热点之一是白云岩。关于这个话题，目前已经发表了很多论文，提出了多个观点，可以“白云岩形成机理研究进展”或“白云岩问题研究”为题，写一篇综述论文。

二、论文的组成部分及写法

综述论文也有5部分组成：题目、摘要、关键词、正文、参考文献。题目、摘要、关键词、参考文献4部分的写法与原创性论文相似，正文部分则显著不同。因此，这里着重讨论正文部分的写法。

正文一般包括5部分：引言、现行观点与存在问题、展望（或讨论）、结语、致谢。

1. 引言的写法

引言一般包括两部分内容：研究历史回顾、本文的目的。

“研究历史回顾”指对综述问题的研究历史进行简要回顾，即谁最先研究的这个问题，提出了什么观点，之后哪些人相继提出了不同的观点。这部分的目的是要给读者一个清晰、扼要的研究历史脉络。

“本文的目的”指为什么要写本论文，要达到一个什么目的。这部分要让读者觉得这篇综述性文章重要。

详见下面的范例。

2. 现行观点与存在问题

这部分是论文的主体，主要是简述前人针对综述问题提出的每个观点，并对每个观点的适用性和存在问题进行评论。

这部分所用的图和表最好是作者根据前人资料自己汇编的图和表，一般不要原封不动地照搬前人的图和表，因为这会涉及版权问题。但可以对前人的图和表稍作修改，并注明据谁的图和表修改。

现举例说明这部分的写法。如果文章题目为“白云岩形成机理研究进展”，该部分可这样写：

下面就目前已经提出几种主要白云岩形成机理进行讨论。这些机理包括蒸发泵白云化、回流渗透白云化、混合水白云化、微生物白云岩……

(1)蒸发泵白云化及存在问题

……

(2)回流渗透白云化及存在问题

……

详见下面的范例。

3. 展望(或讨论)

通过阅读、消化前人的研究成果，结合自己的经验和体会，指出该领域的发展方向。当综述的问题仍未解决，仍有争议时，则需指出未来解决这个问题的一些途径。总之，这部分最好能给读者指出一些研究方向。

当然，如果作者自己也拿不准未来方向，可以不要这一部分。

现举例说明这部分的写法。如果文章题目为“白云岩形成机理研究进展”，该部分可这样写：

白云岩有多种类型，也必有多种形成机理。要解决白云岩的成因，今后应加强现代白云岩研究和模拟实验研究。“现在是过去的钥匙”……

4. 结语和致谢

结语就是简要总结下文中提及的观点、存在的问题和发展方向。

致谢就是感谢为本文撰写提供帮助的人，可以没有。

三、范例

下面以题目为《微生物白云岩研究进展》的论文为例，说明综述论文的写法。该范例中省略了摘要、关键词、参考文献。

微生物白云岩研究进展

金振奎

（中国石油大学（北京），北京昌平）

1. 引言

微生物白云岩（microbial dolostone）指通过微生物的生物化学作用而形成的白云岩。微生物形成的白云石则称“微生物白云石”（microbial dolomite）。白云岩的这种形成模式又称微生物白云岩模式（microbial dolostone model）。

模拟实验和现代沉积观察表明，一些微生物可以在地表常温条件下沉淀出白云石，进而形成白云岩。这种机理的重大意义在于：解释了现代沉积环境中发现的一些白云岩的成因，表明白云石借助微生物的作用在常温下是可以沉淀出来的。

早在上世纪20年代，俄国地质学家纳德逊（Nadson，1903，1928）就发现了微生物能够形成碳酸盐矿物这种现象（Vasconcelos 和 McKenzie，1997）。他用采自俄罗斯一个盐湖（Weissowo–Salzsee 湖）表层缺氧沉积物中的硫酸盐还原细菌产生了少量自生碳酸盐。通过定性化学分析，他认为这些碳酸盐应为白云石，其形成应与厌氧微生物有关，于是认为该盐湖沉积物中的白云石形成与微生物有关，并提出“理解微生物的作用可能是解决白云岩问题的途径”（Understanding the essential role by this bacterial phenomenon may be the solution to the dolomite problem)。

后来,又有一些地质学家研究了微生物在白云石和其他碳酸盐矿物形成中的作用(Neher & Rohrer, 1958; Krumbein, 1979; Morita, 1980; Chafetz & Buczynski, 1992)。福克(Folk, 1993)曾发现一些现代和古代白云石与纳米级微生物共生,并提出微生物可能与白云石形成有关。但正是Vasconcelos等(1995)通过实验,证明了硫酸盐还原细菌这种微生物能够在地表条件下沉淀出白云石。他们的研究使微生物再次受到了广泛重视,因为:

(a)微生物数量巨大,种类繁多,持续时间长(是地球上最早出现的生物),分布广泛,几乎无处不在,尤其有水的地方,哪怕是一些极端环境。无论水温高(可达几百度)还是低,无论盐度高还是低,无论缺氧还是有氧,都可以有微生物存在,当然每类微生物只适应特定的环境。例如,厌氧菌只能生活在缺氧环境中,嗜热菌只能生活在高温水中。空气中也漂浮着很多微生物,人体内也有微生物。有的微生物是自养,靠光合作用获得能量;有的是异样,靠分解有机物质获得能量。因此,微生物对沉积物的影响是十分广泛的。

(b)微生物能够形成与总体水环境在pH值、离子浓度等方面不同的微环境,导致按正常化学原理似乎不可能发生的矿物沉淀(或溶解)。例如,淡水湖的湖水可以对碳酸钙不饱和,但蛤类、介形虫等生物仍能让碳酸钙沉淀,形成它们的钙质壳,这是因为它们可以通过分泌化学物质,使其周围水膜的pH值升高,从而使碳酸钙过饱和,导致沉淀。

(c)通过利用大气中溶入水的CO_2来形成碳酸盐沉积物,可以将碳固定下来,改变大气的成分,而大气中CO_2的含量影响地表温度、岩石的风化速度和风化产物、植被的发育等,这可以诱发一连串的地质效应。

(d)可以吸收无机污染物并将其转化为固态形式。

(e)理解人体内结石的形成机理。

(f)理解火星陨石中碳酸盐的成因。

目前发现的能够形成白云石的微生物有多种,包括硫酸盐还原细菌、生甲烷菌、甲烷氧化菌、需氧喜盐菌等等。在Mg、Ca供给充分的条件下,微生物白云石可以厌氧环境中形成,也可在有氧环境中形成;可以在海水中形成,也可在淡水中形成;可以在富含有机质的沉积物中形成,也可在贫有机质但含有甲烷的沉积物中形成。

目前提出的微生物白云石形成机理可分3类:厌氧硫酸盐还原细菌形成白云石的机理、厌氧生甲烷菌和甲烷氧化菌形成白云石的机理、需氧喜盐菌形成白云石的机理。

需要指出：无论哪种机理，其现代实例都是在准同生期形成的白云岩，白云石是从沉积物孔隙水中形成的，而非直接从沉积水体沉淀的。虽然根据样品的扫描电镜观察，白云石是在沉积物孔隙中沉淀的，未见交代高镁方解石（或文石）的标志，但表层沉积物中白云石的含量常常不高，而且常常随埋藏深度增大而增大，如果要变为100%的白云石，必然有钙质矿物溶解，因此属于交代作用，微生物白云岩属于次生白云岩。但有无可能海（湖）底沉积一层有机质，白云石不断从有机质孔隙中沉淀出来而形成原生白云岩呢？理论上有这种可能，但所有现代实例中未见到这种情况。

总之，微生物白云岩绝大部分是次生白云岩，但也不排除存在微生物原生白云岩的可能。

2. 主要的微生物白云石形成机理

当前提出的微生物白云石形成机理有3种：厌氧硫酸盐还原细菌形成白云石的机理、厌氧条件下甲烷生成和氧化与白云石的形成、需氧喜盐菌形成白云石的机理。

2.1 厌氧硫酸盐还原细菌形成白云石的机理及其特征

（1）机理的提出

Vasconcelos 等（1995）在巴西东海岸的 Lagoa Vermelha 泻湖黑色富含有机质沉积物中发现了白云石，这些白云石成为纳米级、亚球状细菌的包壳。他们用采自这个泻湖的沉积物中的硫酸盐还原细菌 *Desulforvibrio*，模拟泻湖环境条件，在厌氧条件下沉淀出了有序性较差的富钙铁白云石和高镁方解石。于是他们提出，硫酸盐还原细菌能够通过生物化学调节克服白云石形成的障碍，在常温常压下沉淀出白云石。

目前关于硫酸盐还原细菌沉淀白云石机理的解释是：在富含有机质、孔隙水富含硫酸盐且缺氧的沉积物中，硫酸盐在硫酸盐还原细菌作用下发生还原反应，降低了水中 SO_4^{2-} 的浓度，将 Mg^{2+} 从 $MgSO_4$ 离子对中释放出来，同时形成 CO_3^{2-} 和 HCO_3^-，提高了碱度和 pH 值，克服了热动力学障碍，进而沉淀出白云石。在这个过程中，提高 pH 值可能是最重要的，因为高碱度有利于大幅降低 Mg^{2+} 和 Ca^{2+} 的水合（图1），增加水中 CO_3^{2-} 浓度，从而有利于白云石形成。有实验表明，微生物可以通过新陈代谢等生物化学作用，使其周围微环境中的 pH 值升到 10 以上。

正常 pH 值的海水中 CO_3^{2-} 和 HCO_3^- 各占比达 8% 和 81.3%，Mg 和 Ca 的水合作用随着 pH 值的升高而减弱。

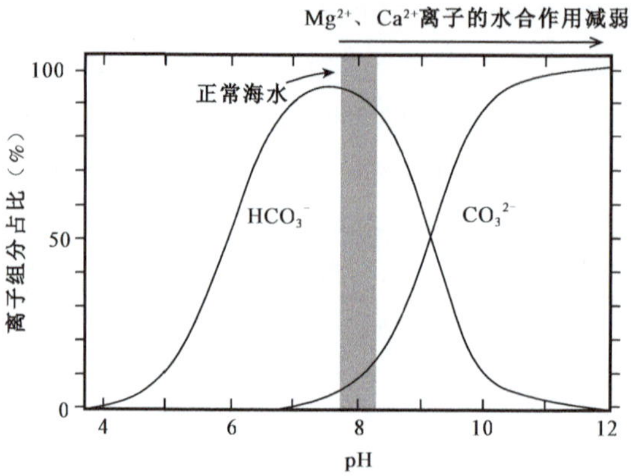

图 1　碳酸根和碳酸氢根的含量变化和海水（25℃）pH 值的关系
（据 Slaughter & Hill，1991）

硫酸盐还原细菌利用 SO_4^{2-} 中的 O 作为电子接受基进行无氧（指游离氧）呼吸，使有机质氧化、分解，同时使 SO_4^{2-} 还原，释放出 H_2S、CO_2 等。有机质中被氧化的主要是乳酸（lactic acid）和 4-C 二羧基酸（4-C bicarboxylic acid）。

H_2S 溶入水后形成氢硫酸（一种弱酸），再进一步离解为 HS^- 和 S^{2-}，达到饱和后，多余的 H_2S 会作为气体溢出：

$$H_2S = HS^- + H^+$$
$$HS^- = S^{2-} + H^+$$

CO_2 溶入水后形成碳酸（一种弱酸），再进一步离解为 HCO_3^- 和 CO_3^{2-}，达到饱和后，多余的 CO_2 会作为气体溢出：

$$CO_2 + H_2O = H_2CO_3$$
$$H_2CO_3 = HCO_3^- + H^+$$
$$HCO_3^- = CO_3^{2-} + H^+$$

因此，硫酸盐还原反应的产物有多种，除了 H_2S 和 CO_2 外，水中还有 HCO_3^-、CO_3^{2-}、HS^- 和 S^{2-}。据 Irwin 等（1977），硫酸盐还原反应可综合表达为：

$$2CH_2O\ (\text{有机质}) + SO_4^{2-} \longrightarrow S^{2-} + CO_2 + H_2O$$

S^{2-} 可使沉积物中的 Fe^{3+} 还原或直接与水中的 Fe^{2+} 结合，形成黄铁矿（FeS_2）、白铁矿（marcasite，FeS_2，与黄铁矿同质异相）或磁黄铁矿（pyrrhotite，FeS）（Berner，1980）：

$$15CH_2O + 8SO_4^{2-} + 2Fe_2O_3 \longrightarrow 4FeS_2 + H_2O + 15\,HCO_3^- + OH^-$$

或 $$CH_2O + 3SO_4^{2-} + 2FeOOH_3 \longrightarrow 2FeS_2 + FeS + 4H_2O + 6\,HCO_3^-$$

因此，黄铁矿、白铁矿或磁黄铁矿在发生硫酸盐还原反应的缺氧沉积物中常见。深海、泻湖等安静低能水体中的沉积物处于缺氧还原状态。潮坪环境虽经常暴露，但当藻席发育，沉积物中有机质丰富时，沉积物内部也可处于缺氧还原状态。

（2）模拟实验

Vasconcelos 等（1995）的模拟实验过程大致如下：

将从 Lagoa Vermelha 泻湖底部含有硫酸盐还原细菌 *Desulforvibrio* 的黑色稀泥中采的样，置于实验室的水溶液培养基（postgate）中，配制的培养基的成分与泻湖水相同。

在常温常压、缺氧条件下放置一周后，出现了 FeS 沉淀，说明培养基中出现了硫酸盐还原细菌。然后从表层取了 1mL 的水，这种水不会含有从泻湖带来的白云石，因为白云石不会漂浮在水面；将其加入到 20mL 的密闭容器中，容器内装有培养基和作为生长基底的石英砂，将石英砂放入前用稀盐酸对其进行了处理，以确保其表面没有碳酸盐。

容器处于缺氧状态放置一周后，出现了 FeS 沉淀，说明容器中出现了硫酸盐还原细菌。将容器在冰箱内（温度维持在 4℃左右）放置了一年多，然后打开，闻到了明显的 H_2S 气味。将容器内的石英砂和沉淀物用 0.2μm 的过滤器过滤出来，加稀盐酸起泡，说明含有碳酸盐矿物。然后通过扫描电镜观察、能谱分析和 X 射线衍射分析，发现沉淀物为围绕细菌分布的纳米级含铁白云石，呈球状集合体，显然这些白云石是硫酸盐还原细菌沉淀出来的。

（3）现代实例

目前，很多地区的现代白云岩都解释为硫酸盐还原细菌成因，这些白云岩曾被解释为原生沉淀、蒸发泵白云化等其他成因，包括澳大利亚南部考龙泻湖区的白云岩、深海白云岩等。下面介绍的实例是该机理的发源地——巴西里约热内卢的拉戈阿韦梅利亚（Lagoa Vermelha）泻湖（Vasconcelos 和 McKenzie，1997）。

Lagoa Vermelha 泻湖位于巴西东海岸（图 2），在里约热内卢以东 90km 处，面积约 2.4km²，最大水深 1.7m，周围的微气候为半干旱，年蒸发量比降水量高 470mm。泻湖边缘发育藻席。泻湖与大西洋之间为沙丘组成的宽 400m 的障壁岛，其向陆侧为更新世沙丘，其东北侧有一个更大的咸化泻湖 Lagoa de Araruama，面积 210 km²。

Lagoa Vermelha 泻湖的水有 3 个来源：从障壁岛渗入的大西洋海水、从更新世沙丘渗入的大陆地下淡水、从更新世沙丘渗入的 Lagoa de Araruama 咸化泻湖

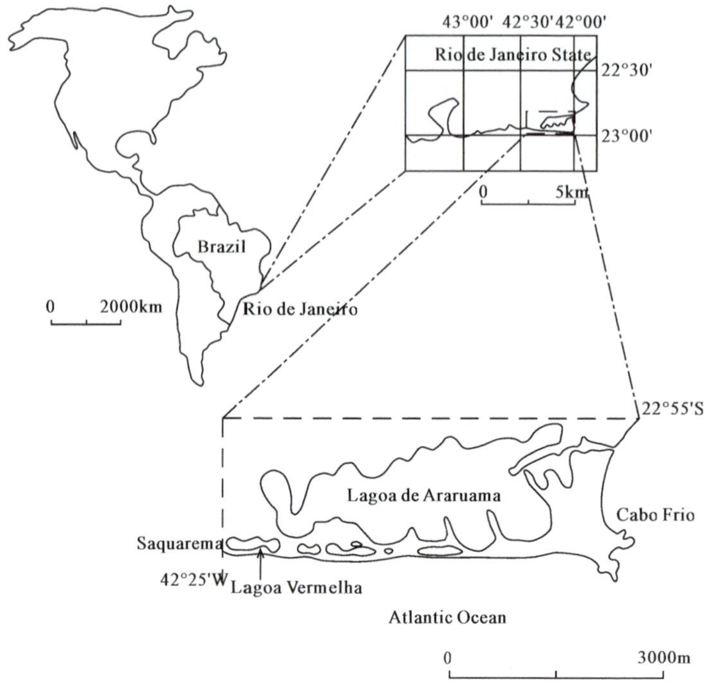

图 2 Lagoa Vermelha 泻湖位置图，据巴西里约热内卢东海岸约 90km
（据 Vasconcelos & McKenzie，1997）

水。Lagoa Vermelha 泻湖的湖水盐度随干、湿季节波动较大，由盐水（hypersaline）到半咸水（brackish）。从 1 月到 12 月，月平均水温为 23～32℃，pH 值为 8～8.5，$\delta^{18}O_{SMOW}$ 为 +1.50‰～+3.82‰，多为 +2‰～+3‰。Mg^{2+} 浓度为 400～2200mg/L，平均 1000mg/L 左右。Ca^{2+} 浓度为 170～870mg/l，平均 400 mg/l 左右。Mg/Ca 为 1.66～3.13，多为 2.5～3。

泻湖底部沉积物表面覆盖了一层 10cm 厚的黑色稀泥。由于湖水悬浮物含量高，阳光不能穿透水体照射到水底。由于没有富氧水与其混合，水底缺氧。稀泥主要是碳酸盐泥、有机质、细菌与水的混合物，还有一些软体动物壳、介形虫、有孔虫、硅藻等。扫描电镜揭示，稀泥中含有大小为数微米的碳酸盐矿物集合体，晶面发育不好。X- 射线衍射分析表明，稀泥中有方解石、高镁方解石和富钙白云石。高镁方解石中，含 12%～35%（mol）$MgCO_3$。富钙白云石不是化学计量的，含 42%～48%（mol）$MgCO_3$。

从泻湖中央一段 1.7m 的取心表明，上部 1.2m 为碳酸盐沉积物，由球粒层与纹理层交替叠置组成。下部 0.5m 为石英砂质泥，其碳酸盐含量为 10%～15%，主要是壳碎屑，有机质含量高，达 18%。有机质主要为无定形的物质和少量木质物质（约占全部有机质的 10%）。上部 1.2m 为泻湖沉积，而下部 0.5m 为正常海沉积。根据 ^{14}C 定年，泻湖形成于 3600 年前（Tasayco-Ortega 等，1993）。

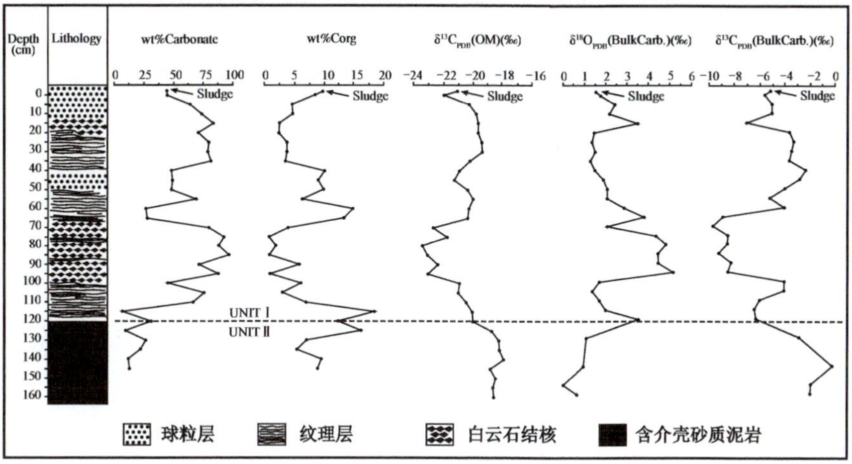

图 3　Lagoa Vermelha 泻湖岩心柱状图及相应的地球化学特征
（据 Vasconcelos &McKenzie，1997）

球粒层主要由球粒组成，此外还有一些杂乱排列的软体动物壳、介形虫、有孔虫和硅藻。球粒由碳酸盐泥组成，呈浅灰色，圆状。球粒成分主要为方解石、高镁方解石和钙白云石，还有一些无定形硅质、伊利石和无定形有机质。方解石仅见于表层 10cm 厚的沉积物中。

纹理层由白色细粒碳酸盐纹层与 1～2mm 厚的黄灰色富有机质碳酸盐泥纹层交替组成。纹层起伏不平，乃毛茸茸的无定形有机质所致。罕见介形虫和有孔虫。纹理层的矿物成分为高镁方解石和富钙白云石。

上部 1.2m 的沉积物中，还见有离散分布的白云石结核富集层。在深度为 12～15cm 之间的白云石结核为弱固结，而 72～95cm 之间的白云石结核则致密，强固结。

自沉积物表面向下，碳酸盐含量有增加的趋势。稀泥层和表层沉积物中碳酸盐含量约 40%，自沉积物表面向下至 5cm 处达 65%，再向下可达 75%。下部的白云石结核层中白云石含量高达 98%。但在深度 115～125cm 处富有机质的纹理层中，碳酸盐含量最低，仅 7%。有机碳含量普遍高，为 2%～18%。黑色稀泥和表层沉积物中有机碳含量约 10%，但向下迅速降低，至深度 15cm 处，已经降至 3%。

顶部 10cm 碳酸盐沉积物中，方解石、高镁方解石和钙白云石分别约占 25%、45% 和 30%。10cm 以下，方解石消失，钙白云石明显增加，高镁方解石略有增加（图 4）。顶部 10cm 碳酸盐全样的 $\delta^{13}C_{PDB}$ 从上到下变化不大，约为 −6‰，但到了白云石结核，则明显降低至 −8.4‰。$\delta^{18}O_{PDB}$ 从上到下变化不大，约为 +2‰，但到了白云石结核，则明显升高至 +4‰左右。

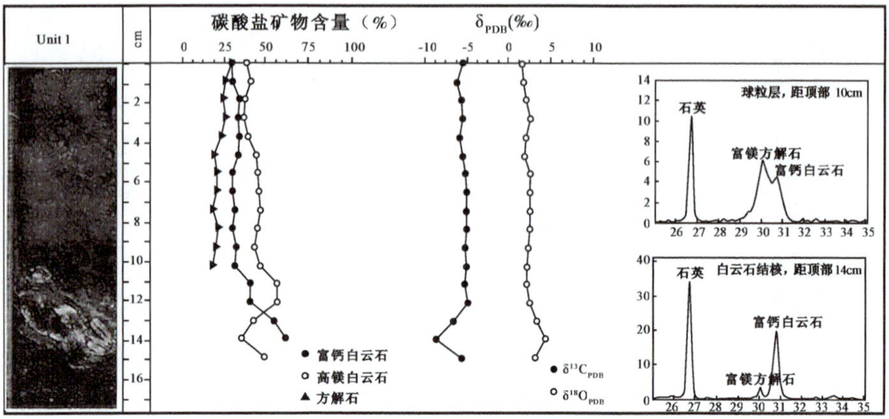

图 4　Lagoa Vermelha 泻湖顶部（0～17.5cm）球粒相岩心柱状图

（据 Vasconcelos &McKenzie，1997）

图中，球粒层底部见弱固结的富钙白云石，在 10～14cm 深度处岩心的矿物组成和地球化学特征都发生了明显的变化，其岩性也由富镁方解石和富钙白云石的混合转变为以富钙白云石结核为主（如右图的 XRD 峰图所示）

顶部 15cm 碳酸盐球粒沉积物中，钙白云石含 39%～42%（mol）$MgCO_3$，而下部白云石结核中的白云石含 48%（mol）$MgCO_3$，反映白云石随着时间推移，变得更接近化学计量，有序度增加，晶形也变好。

整个取心段碳酸盐沉积物的 $\delta^{13}C_{PDB}$ 在 −2‰～−10‰之间，$\delta^{18}O_{PDB}$ 在 +1.5‰～+5.5‰之间，$\delta^{18}O_{PDB}$ 越高，$\delta^{13}C_{PDB}$ 越低（图 4）。下部 70～100cm 白云石结核层中，白云石的 $\delta^{13}C_{PDB}$ 在 −8‰～−10‰之间，数值很低，反映有机碳的混入。该层上、下沉积物中有机质的 $\delta^{13}C_{PDB}$ 为 −19‰～−21‰，平均 −20‰，与温暖海水植物的一致（Degens 等，1968），而该层中无定形有机质的 $\delta^{13}C_{PDB}$ 为 −23‰，较低，反映有硫酸盐还原细菌的参与（Vasconcelos 和 McKenzie，1997）。

Vasconcelos 和 McKenzie（1997）结合实验，认为该泻湖沉积物中的白云石是硫酸盐还原细菌形成的，其很低的 $\delta^{13}C$ 和球状、哑铃状形态是微生物成因的证据。较深处白云石结核层中的白云石有序度高，是“老化”所致；白云石呈较明显的菱形，则认为是后期围绕球形微生物白云石核又发生无机沉淀导致的。他们用稀盐酸部分溶解后，发现露出了包裹在菱形白云石晶体内的球形白云石晶核，似乎证明了这一观点。他们还推测，方解石、高镁方解石和钙白云石可能分别在不同的时期沉淀。泻湖淡化期，盐度较低，方解石沉淀；盐度变高时，高镁方解石沉淀；最干旱期盐度最高，钙白云石沉淀（图5）。干旱季节的强烈蒸发使泻湖海平面下降，造成了广海海水沿砂坝回流；泻湖中生物的大量繁殖使湖底形成缺氧环境并沉积了一层黑色的、主要由有机质组成的软泥（图5）。高盐度海水为细菌的硫酸盐还原作用提供了大量硫酸根离子，为高镁方解石和富钙白云石的沉淀提供了大量镁离子。微生物的活动使这些碳酸盐矿物在黑色软泥中沉淀出来，再沉降到湖底，成为湖底缺氧沉积的一部分（图5）。随着埋藏深度变大，富钙白云石逐渐“老化”，变得更加接近化学计量。微生物活动随着埋藏加深而最终停止，但是成岩作用仍继续进行，白云石在前期微生物形成的晶核基础上继续沉淀。

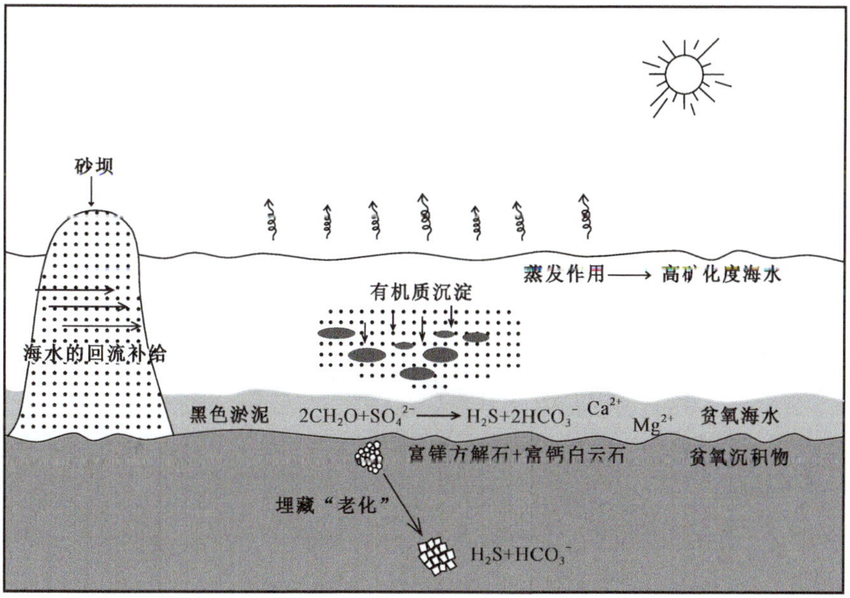

图5　Lagoa Vermelha 泻湖微生物白云岩的沉积模式（据 Vasconcelos &McKenzie，1997）

（4）识别标志

古代硫酸盐还原细菌成因的白云岩如何识别呢？本文总结出了如下标志：

（a）白云岩晶粒很细，为泥晶级，重结晶后可达粉晶级，因此为泥、粉晶白云岩。这种成因的现代白云石大小在5μm以下。砂糖状白云岩不应归为此类。

（b）硫酸盐还原细菌成因的白云石有特殊形态，因白云石围绕细菌沉淀，其集合体呈球状或哑铃状，其核心为球状或哑铃状细菌。即使后期经过“老化后”晶体呈菱面体，但用稀盐酸部分溶解后，仍可见到球形白云石。这应是识别这种成因的白云石最过硬的证据。

（c）白云岩的 $\delta^{13}C_{PDB}$ 为负值，且很低，在 –5‰以下，因为有机质分解产生了很多 CO_2，其 $\delta^{13}C_{PDB}$ 很低，与水中的无机 C 混合后进入了白云石晶格。Vasconcelos 等（1995）实验中产生的铁白云石的 $\delta^{13}C_{PDB}$ 为 –6.7‰。巴西 Lagoa Vermelha 泻湖纯白云岩的 $\delta^{13}C_{PDB}$ 在 –8‰～–10‰之间。无论实验室内沉淀的还是自然界中的现代白云石，其 $\delta^{18}O_{PDB}$ 均为正值。

（d）白云岩形成于缺氧环境，因此颜色暗，有机质含量较高。与其互层伴生的沉积岩也多为暗色石灰岩、页岩，有时为蒸发岩，底栖生物化石少见。

（e）由于形成于还原环境中，白云岩应含黄铁矿。此外，白云石也常为含铁白云石。但也有学者认为，硫酸盐还原过程中释放出 H_2S，溶于水后与 Fe^{2+} 反应形成黄铁矿。由于黄铁矿的溶解度远低于白云石，Fe^{2+} 会优先与 H_2S 反应，而难以进入白云石晶格。不过实验室内用硫酸盐还原细菌沉淀出的白云石却是含铁的（Vasconcelos 等，1995），因此如果水中含较多的 Fe^{2+}，白云石是可以含铁的。

（5）存在问题

硫酸盐还原细菌能沉淀出白云石，已经没有疑问了。但关于白云石的这种形成机理，仍有两个重要问题尚未解决。

① 硫酸盐还原细菌诱发白云石沉淀的机制仍不清楚

目前关于硫酸盐还原细菌诱发白云石沉淀的解释是：这些细菌通过生化作用可以使其周围微环境的 pH 值升高，Mg^{2+} 水合率降低，SO_4^{2-} 浓度降低，CO_3^{2-} 浓度增大，甚至使水溶液对白云石饱和而对方解石不饱和，从而导致白云石沉淀。但这些条件完全可以在实验室内通过适当的溶液配制达到，前人也做了这样的尝试，然而在常温常压下却仍不能人工合成白云石（Land，1998）。这说明微生物的某些“特殊功能”仍未被发现。

② 如何识别古代微生物成因的白云岩？

尽管现代沉积中见到了微生物成因的白云岩，但古代的微生物白云岩如何识别？目前仍无良策。除了球状或哑铃状白云石，上面总结的其他识别特征具有多解性，也可以出现在别的成因的白云岩中，如原生化学沉淀白云岩、准同生交代白云岩等，尤其是碳氧同位素组成，容易受后期重结晶作用的改造。

球状或哑铃状白云石也不是只有微生物才能形成，有些情况下，纯无机沉淀也可形成。例如，穆勒和费斯波克(Muller & Fishbeck，1973)通过溶解纯白云石或用 $CaCO_3$ 和 $MgCO_3$ 试剂，制成了 Mg/Ca 比为 1 : 1 的水溶液，然后冻干成碳酸盐凝胶，其 Mg/Ca 比为 1 : 1。再在 55℃下润湿碳酸盐凝胶，一周后就沉淀出了球状原白云石。

而且，古代白云岩中很难见到球状或哑铃状白云石，这或许是由于白云石的“老化”作用使其原始形状没有保存下来，或许是由于工作不细致而没有发现，或许白云石根本就不是这种成因。按说，这种白云石晶体内部应该存在纳米或微米级的细菌印模，因为白云石是围绕细菌沉淀的。也有可能，细菌腐烂后留下的微小空腔后期被白云石充填了。在单个白云石晶体内部寻找细菌存在的痕迹，如印模、有机质等，应是解开其成因之谜的重要途径。

不过 Bontognali 等(2008)通过硫酸盐还原细菌沉淀碳酸盐的实验室研究认为，碳酸盐矿物是在细菌分泌的细胞外聚合物 EPS (extracellular polymeric substance)沉淀的，而非围绕细胞壁，并以此解释古代白云岩很难见到细菌痕迹的现象。如果所有微生物都是如此，那么目前将无办法识别古代微生物白云岩。

2.2 厌氧条件下甲烷生成和氧化与白云石的形成

在富含有机质且缺氧的沉积物中，微生物可以通过新陈代谢作用形成甲烷和氧化分解甲烷。形成甲烷的微生物称“生甲烷菌”，氧化分解甲烷的微生物称“甲烷氧化菌”。微生物通过两种生物化学作用分解、氧化有机物，即呼吸作用和发酵作用。呼吸作用(resporation)指微生物以无机物中的氧作为电子接受基使有机物氧化分解的作用(如微生物的硫酸盐还原反应)；发酵作用(fermentation)指微生物以有机物中的氧作为电子接受基使有机物氧化分解的作用。甲烷生成是通过发酵作用，而甲烷氧化则是通过呼吸作用。无论哪种作用，都能改变沉积物孔隙水的地球化学条件，形成白云石，但形成的白云石的地球化学特征不同。

(1)沉积物的垂向分带

要了解甲烷生成和氧化与白云石的关系，需先了解沉积环境中沉积物的垂向分带特征。沉积环境中，沉积物在垂向上可发育 2 个带：有氧带和缺氧带，其中缺氧带可进一步划分为硫酸盐还原带(包含甲烷氧化带)和甲烷生成带(表 1，图 6)。

表 1　沉积物的垂向分带

垂向分带		微生物类型		有机质分解机理	有机质分解产物	CO_2 的 $\delta^{13}C$（PDB）
有氧带		需氧微生物		利用游离氧氧化有机质	CO_2, H_2O	负值,多为 −5‰～−17‰
缺氧带	硫酸盐还原带（甲烷氧化带）	厌氧微生物	硫酸盐还原菌、甲烷氧化菌,等	利用 SO_4^{2-} 中的 O 氧化有机质或甲烷	CO_2, H_2S, H_2O, HCO_3^-, CO_3^{2-}, HS^-, S^{2-}	
	甲烷生成带		生甲烷菌,等	利用有机质中的 O 氧化有机质	CH_4, H_2, CO_2, HCO_3^-, CO_3^{2-}	正值,多为 +5‰～+13‰

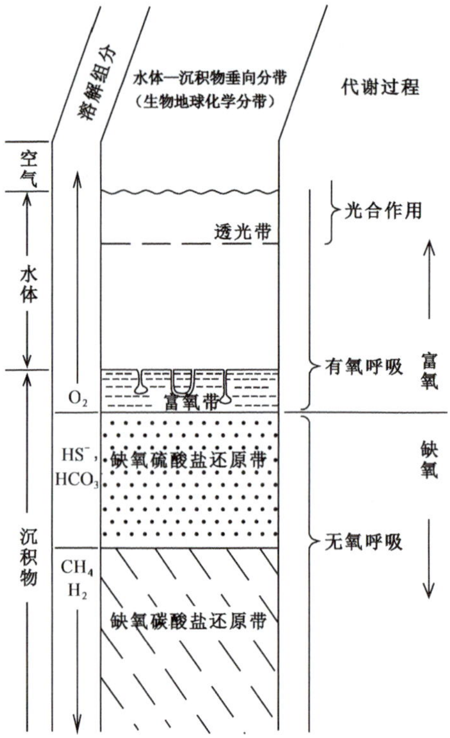

图 6　开阔海富有机质缺氧沉积环境垂向剖面图（据 Claypool & Kaplan, 1974）

有氧带（aerobic zone）指沉积物孔隙流体中含有氧气的带,流体为空气或水。该带内,氧气的供应速率高于氧气的消耗速率。氧气的消耗来自需氧微生物对有机质的氧化,其反应式可表达为（Claypool 和 Kaplan, 1974）:

$$CH_2O+O_2 \longrightarrow CO_2+H_2O$$

这个反应产生的 CO_2 的 $\delta^{13}C$ 很低的负值。

缺氧带(anaerobic zone)指沉积物孔隙流体中无氧气的带,流体通常为水。该带内,有机质的氧化分解靠厌氧微生物的新陈代谢作用(metabolism)。

有氧带/缺氧带界面可以位于沉积物表面之下,但也可等于或高于沉积物表面,这取决于水体的循环程度和沉积物中有机质含量。有机质含量越高,该界面越浅。

当沉积物上覆水体为"活水"或为大气时,该界面多位于沉积物表面之下,如水体循环好的浅海环境和浅湖环境、泛滥平原环境等;但如果沉积物富含有机质,即使暴露于地表,其内部仍可以是缺氧状态,因为氧气的供应速率低于氧化有机质的消耗速率。例如,植物繁茂的湿地环境,虽然可以暴露,但其沉积物仍为黑色,因为有机质太丰富了。

当沉积物上覆水体为滞流安静的"死水"时,该界面可等于或高于沉积物表面,如沼泽环境、泻湖环境、深海环境、深湖环境等。

对于海底沉积物,缺氧带可分为 2 个带,即上部的硫酸盐还原带和下部的甲烷生成带。

硫酸盐还原带内,硫酸盐还原细菌以 SO_4^{2-} 中的 O 作为氧化剂,来氧化分解有机质和甲烷。关于这些细菌氧化有机质的机理,前面已有叙述,这里重点介绍氧化甲烷的机理。

当以氧化甲烷为主时,硫酸盐还原带可称"甲烷氧化带",简称 AMO(Anaerobic Oxidation of Methane)。甲烷氧化的机理可用下式表达:

$$CH_4 + SO_4^{2-} = HCO_3^- + HS^- + H_2O$$

这个反应式的意义在于,即使沉积物缺乏有机质,只要孔隙水中含有 SO_4^{2-} 且处于缺氧状态,厌氧细菌仍可以通过氧化甲烷而使硫酸盐还原,这个反应仍可以依赖从下伏沉积物中冒上来的甲烷而发生,即使沉积物中有机质含量很低,也不影响这个反应的进行。根据深海钻探研究,该带内孔隙水中的硫酸盐含量自沉积物/水界面向下逐渐降低,直至为 0;甲烷含量为 0,完全被氧化了(图 7)。

甲烷氧化产生的 CO_2 的 $\delta^{13}C$ 为很低的负值。微生物成因的甲烷的 $\delta^{13}C$ 很低,为 −50‰～−110‰(PDB),氧化后产生的 CO_2 的 $\delta^{13}C$ 也较低,由这种 CO_2 形成的碳酸盐与海水中原有的无机碳酸盐混合后形成的碳酸盐矿物的 $\delta^{13}C$ 为较低的负值,多为 −5‰～−10‰(PDB),有机碳占的比例越高,$\delta^{13}C$ 越低,可低至 −20‰(PDB)左右。

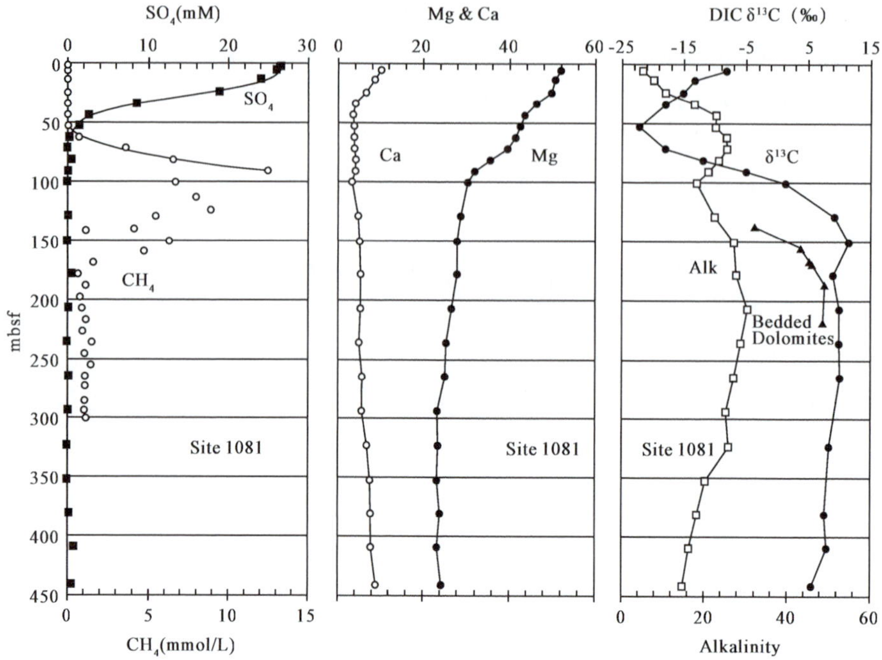

图 7 大洋钻探计划 1081 点孔隙水剖面的地球化学特征(据 Moore & Murray, 2004)

AMO 带之下为甲烷生成带。该带内,甲烷含量很高。沉积物中的有机质通过厌氧微生物的发酵作用(fermentation)而分解为甲烷和 CO_2:

$$2CH_2O \longrightarrow CH_4 + CO_2$$

这种作用又称甲烷生成作用(methanogenesis),只能在缺氧、缺乏硫酸盐的孔隙水中进行。当硫酸盐经过 AMO 而耗尽后,甲烷生成作用便开始了,因此该带位于 AMO 带之下。

与 AMO 带不同,甲烷生成作用形成的 CO_2 的 C 普遍富集重同位素,$\delta^{13}C$ 为正值,且较高。根据深海钻探,深海沉积物 AMO 带与甲烷生成带孔隙水的 $\delta^{13}C$ 明显不同。AMO 带孔隙水的 $\delta^{13}C$ 普遍为负值,为 –1.5‰~–22.09‰(PDB),多为 –5‰~–17‰之间;甲烷生成带孔隙水的 $\delta^{13}C$ 普遍为正值,为 +1.38‰~+16.05‰,多为 +5‰~+13‰之间(Moore 等,2004)。

对于湖底沉积物,如果湖水中硫酸盐含量为 0 或微乎其微,可以缺失硫酸盐还原带,而直接进入甲烷生成带。

总之,硫酸盐还原带和甲烷生成带的厚度与沉积物有机质含量、沉积速率等因素有关。一般说来,有机质含量越高,沉积速度越慢,硫酸盐消耗速率越高,硫酸盐还原和 AMO 带就越薄。例如，毗邻非洲纳米比亚西海岸的深海盆地中，海底沉积物的硫酸盐还原带厚度为 6～50m，甲烷生成带的厚度为十几米到近百米（Moore 等，2004）。当有机质含量很高、沉积速度很慢时，硫酸盐还原带厚度可仅为几厘米（Mazzullo，2000）。

（2）白云岩形成机理

甲烷氧化和甲烷生成过程都产生了 CO_2，而且基本耗尽了水中的 SO_4^{2-}。

在甲烷氧化带底部，由于微生物的硫酸盐还原作用，SO_4^{2-} 含量基本降至 0，SO_4^{2-} 的毒害作用消除；同时，CO_2 溶于水后产生了 HCO_3^- 和 CO_3^{2-}，提高了碱度、pH 值和 CO_3^{2-} 含量。这些都有助于克服白云石形成的热动力学障碍。甲烷生成带内，也产生了 CO_2，也会提高碱度、pH 值和 CO_3^{2-} 含量。因此甲烷氧化带和甲烷生成带都有利于白云岩形成。

甲烷氧化带（硫酸盐还原带）形成的白云岩 $\delta^{13}C$ 普遍为负值，而甲烷生成带形成的白云岩 $\delta^{13}C$ 普遍为正值，而 $\delta^{13}O$ 主要与孔隙水的 $\delta^{13}O$ 有关，变化不大。在邻近非洲纳米比亚西海岸的深海盆地中，深海钻探发现的现代白云岩层的 $\delta^{13}C$ 为 –5‰～+7‰（PDB）（Moore 等，2004），反映这两个带形成的白云岩都有，其现今埋藏深度从几十米到 400m 左右。在美国加利福尼亚大陆边缘和加利福尼亚海湾的深海钻探中，在水深 800～2000m 半深海缺氧硅藻泥沉积中发现了多层离散分布的薄层的泥晶白云岩，30 块样品的 $\delta^{13}C$ 为 +0.4‰～+13.8‰（PDB），平均 +9.8 ‰；$\delta^{18}O$ 为 –6.7 ‰～+5.6 ‰（PDB）（Kelts 和 McKenzie，1980）。

在海底从深部冒上来的甲烷也可被微生物氧化，并导致白云石或白云岩形成。例如，日本琉球群岛南部 Kuroshima 海底平顶山上分布着一些白云岩烟囱（Takeuchi 等，2007）。山顶平坦，水深 630～800m，山高 1800m 左右。山体由上新世和第四纪砂、泥质沉积组成，地层层序自上而下：①现代沉积，为砾石和砂质泥；②晚更新世沉积，为暗绿—灰色泥；③更新世蓝灰色半固结的砂岩和泥岩；④上新世—早更新世浅黄—浅灰色泥岩。海底的白云岩烟囱直径 5～30cm，高多为 30cm 左右，个别达 1m；大部分都躺倒了，少数处于直立状态。躺倒的烟囱表面有黑色氧化锰涂层；直立的没有。烟囱上、下部不同，上部有双壳类钻孔，且有氧化锰涂层；下部则无钻孔和涂层。烟囱呈中空的圆柱状，是由白云石和方解石胶结砂、泥而形成的，从内向外分三层：内层、主体、表层。主体部分致密，内层和表层疏松，中央腔有时部分或全部被胶结的沉积物充填。致密部分白云石含量为 79.2%～83.2%（重量百分比）；表层和内层则很低，以砂、泥为主，而且含一些方解石，内层中方解石占全部碳酸盐矿物的 40% 左右，表层则占 15% 左右。白云石和方解石晶体微小，多不到 1μm，未见白云石交代方解石的现象。白云石中 Mg 的含量为 40%～49%（mol），Fe 和 Mn 含量通常小于 2%（mol）；其 $\delta^{13}C$ 为 –43.6‰～–17.0‰，$\delta^{18}O$ 为 +5.66‰～+7.92‰（PDB）。海底水体的 $\delta^{18}O$ 为– 1.06‰～+0.4‰(SMOW)，水温为 6.5～8.5℃。海底除了烟囱外，还有碳酸盐壳(pavement)、结核等，其成分见图 8。Takeuchi 等(2007)认为，白云岩烟囱形成于松软的沉积物中，后期遭受海流冲刷而暴露。甲烷来自地下较深处的甲烷水合物。

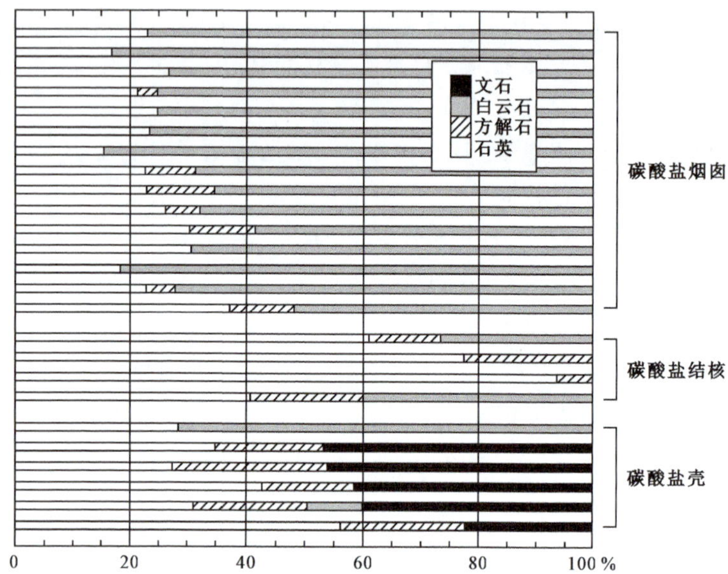

图 8　Kuroshima 海底平顶山上的碳酸盐烟囱、壳、结核的矿物成分
（据 Takeuchi&Matsumoto，2007）

又如，在丹麦北端距岸 10km 处水深 10～12m 的砂质海底上分布着一些白云石胶结的砂质柱(Jorgensen，1989)。砂质柱高出海底可达 4m，应具有较深的“根”，因为这些柱子能抗风浪；其直径可达 1m。柱间为分选好的、松散的中粒石英砂。砂质柱胶结物为 0.01～0.03mm 的泥晶白云石，菱面体状。白云石富钙($(Mg_{47}, Ca_{53})CO_3$)，Sr 含量约 1000ppm，Fe 和 Mn 含量变化大，平均值分别为 1870 ppm 和 320 ppm；$\delta^{13}C$ 为 –44‰～–40‰（PDB），$\delta^{18}O$ 为 +3.7‰～+ 3.9‰（PDB），比与其伴生的高镁方解石的 $\delta^{18}O$ 高 +3‰左右。砂质柱内发育一系列与其平行的管状构造，管的直径为几毫米到 1cm 左右，管壁致密，颜色较暗，白云石含量高，而管内的砂为弱胶结，颜色较浅。这些砂质柱形成于砂质沉积内部，

后来海流冲刷使其暴露。Jorgensen（1989）推测砂质柱中的白云石是由向上泄漏的甲烷被厌氧或需氧微生物氧化形成的，其极低的 $\delta^{13}C$ 反映了这一点。甲烷来自浅埋藏的气藏。

此外，在世界很多其他海域，海底也都发现了碳酸盐烟囱，如俄勒冈陆架边缘（Ritger et al.，1987），北海（Hovland et al.，1987），南新西兰（Orpin，1997），南中国海（Chen et al.，2005）等，很多与甲烷泄漏有关。

Mazzullo 等（1995）报道了中美洲伯利兹（Belize）北部的 Ambergris Caye 岛上正常盐度的浅水潮下沉积中发现的现代白云石。沉积物厚 1.5～6.7m，年龄不超过 5600 年，覆于更新世石灰岩喀斯特之上。沉积物形成了被多条潮汐水道切割的水下隆起，水深 <0.3m，局部出露海面形成潮坪，潮汐水道深度可达 6m 左右。海水盐度为 3.8‰。沉积物主要为灰泥与生物壳的混合物，生物壳含量多在 10%～50% 之间。沉积物矿物成分主要为高镁方解石，还有少量文石。高镁方解石中 $MgCO_3$ 含量为 11%～18%。白云石含量多小于 5%，局部可达 30%，呈菱面体分布于微孔隙中，大小在 10μm 左右。白云石的 $\delta^{13}C_{PDB}$ 为 −0.6‰～+8.6‰，$\delta^{18}O_{PDB}$ 为 +0.8‰～+2.6‰，Sr 含量为 500～1700ppm。沉积物中有很强的 H_2S 气味，并有一些黄铁矿。他们推测，白云石形成与微生物甲烷生成作用有关。但这些白云石明显呈菱形，与微生物典型的白云石球状集合体不同。

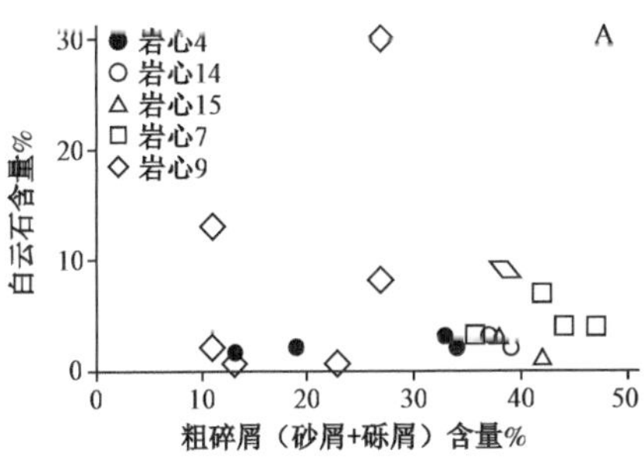

图 9A　Ambergris Caye 岛白云化沉积物中白云石富集程度和粗碎屑含量关系图（据 Mazzullo 等，1995）

图 9B　Ambergris Caye 岛岩心 9 中白云石胶结物的扫描电镜图像（据 Mazzullo 等，1995）

Roberts 等（2004）通过野外实验和和室内模拟实验表明，在缺氧的淡水环境中，只要有 Ca^{2+}、Mg^{2+} 等离子来源，生甲烷菌也可以沉淀出白云石，而且无需高的 Mg/Ca 比值，在 1 左右即可。野外实验是针对美国明尼苏达州 Bemidji 附近被石油污染的、底板为玄武岩的蓄水层进行的，玄武岩是水中 Ca^{2+}、Mg^{2+} 等多种离子的来源。蓄水层处于缺氧状态，地下水对白云石饱和或略过饱和。在污

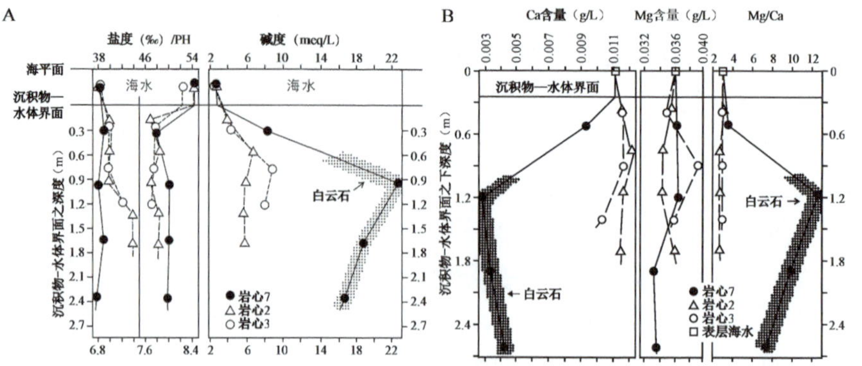

图 10 海水的地球化学特征（岩心 2、3 未见白云化，岩心 7 见白云化；据 Mazzullo 等，1995）

A：海水和粒间孔隙水的盐度、pH 和总碱度，岩心 7 的白云化层段见碱度大幅上升；

B：海水和粒间孔隙水的 Ca、Mg 离子浓度（已进行盐度校正）和 Mg/Ca

染带活动的微生物主要是铁还原菌，其次是产甲烷菌。地下水的 pH 为 6.74，其中，溶解的有机碳（DOC）浓度为 3.4 mM（1mM=1mmol/L），Fe^{2+} 为 0.66mM，CH_4 为 0.74 mM，Si 为 1.2 mM，Ca^{2+} 为 4.58 mM，Mg^{2+} 为 1.35 mM，HCO_3^- 为 12.4 mM，Al、K、Na、SO_4、NO_3 和 PO_4 的浓度均小于 0.01 mM。他们在蓄水层中钻一口井，然后将干净的玄武岩样品放入钻井中（距地面 7m），浸泡在地下水中。3 个月后，将样品取出并观察，发现玄武岩样品表面生长有微生物，围绕微生物有铁白云石沉淀出来。他们推测生甲烷菌通过消耗水中的 CO_2 使白云石处于过饱和并沉淀出来，所需的 Mg、Ca 是由微生物腐蚀玄武岩的表面而释放出来的。为了证明这一观点，他们做了模拟蓄水层自然条件的室内实验：将玄武岩和采自蓄水层的水、少量石油以及铁还原菌和产甲烷菌放入缺氧的密闭容器内，在 25℃、无阳光的暗室内放置了 8 个月。之后，取出样品进行观察，发现围绕微生物细胞和玄武岩表面上沉淀出了方解石和白云石，大小为 0.02～5μm，其中白云石约占 30%，不含铁，可能是 Fe^{2+} 含量过低所致。白云石的 $\delta^{13}C$ 为 -0.03‰，$\delta^{18}O$ 为 -3.39‰；方解石的 $\delta^{13}C$ 为 -0.83‰，$\delta^{18}O$ 为 -6.53‰。

他们的研究表明，在微生物参与下，白云石的形成既不需要对白云石高度过饱和的咸化水也不需要高的镁钙比。白云石的沉淀可能是由于微生物的特殊新陈代谢作用，或者是由于它们的细胞壁有一些特殊功能。

从他们的研究还可以看出，CO_2 在白云石形成中起重要作用，其量既不能多，也不能少；多了会使水的酸性增加，导致溶解；少了则使白云石达不到饱和，不能沉淀。就像向石灰水中注入 CO_2 时，先是变浑浊，然后又变清。

水中 CO_2 不足量时，生成 $CaCO_3$：$Ca(OH)_2+CO_2=CaCO_3$（沉淀）$+H_2O$

水中 CO_2 过量时，生成的 $CaCO_3$ 继续与 CO_2 作用，使 $CaCO_3$ 溶解，形成 $Ca(HCO_3)_2$：

$$CaCO_3+CO_2+H_2O=Ca(HCO_3)_2$$

（3）识别标志

关于甲烷氧化菌成因的白云岩，在海洋环境中，由于甲烷氧化带与硫酸盐还原带为同一带，形成的白云岩的特征是一致的。

关于生甲烷菌成因的白云岩，其岩石学特征与甲烷氧化菌成因的白云岩一致，唯一不同的是 $\delta^{13}C$。由于在甲烷生成过程中释放出来的 CO_2 的 $\delta^{13}C$ 很高，形成的白云岩的 $\delta^{13}C$ 普遍为正值，比甲烷氧化菌成因的白云岩的高，这是目前唯一能够区分两者的标志。

除了海洋环境，生甲烷菌和甲烷氧化菌在淡水湖、咸水湖、盐湖中都可存在，因此只要有足够的 Mg、Ca 离子供给，都可以形成白云岩。

3. 需氧喜盐菌形成白云石的机理

多种微生物，包括蓝细菌（即蓝绿藻）和通过分解含氮有机质产生氨气的细菌，可以在有氧条件下诱发碳酸盐沉淀（Thompson 和 Ferris，1990；Rivadeneyra 等，2000），包括白云石（Rivadeneyra 等，1993；Rivadeneyra 等，2004）。不少研究者认为，微生物成因的碳酸盐矿物具有特有的球状或哑铃状形态，与无机成因的不同（Krumbein，1979；Buczynski 和 Chafetz，1991；Chafetz 和 Buczynski，1992；Knorre 和 Krumbein，2000；Braissant 等，2003）。

（1）模拟培养实验

Sá nchez-Rom á n 等（2011）通过室内实验表明，常温常压下，一些需氧喜盐菌可以在氧化条件下沉淀出含镁的白云石、高镁方解石、水菱镁矿（hydromagnesite）、碳酸钙镁石（huntite）和鸟粪石（struvite）。

在他们的研究中，使用了 5 个需氧喜盐菌属下的 21 种细菌，其中包括盐单胞菌 *Halomonas* 属的 16 个种（*H. aquamarina* ATCC 14400，*H. canadiensis* ATCC 43984，*H. cupida* ATCC27124，*H. elongata* ATCC 33173，*H. eurihalina* ATCC 49509，*H. halmophila* ATCC 19717，*H. halodenitrificans* ATCC 1 3511，*H. halodurans* ATCC 29686，*H. halophila* CCM 3662，*H. marina* ATCC 25374，*H. pacifica* ATCC 27122，H. pantelleriensisDSM9661，*H. salina* ATCC 49509，*H. subglaciescola* ACAM12，*H. variabilis* DSM 3051 和 *H. venusta* ATCC 27125），海单胞菌 *Marinomonas* 属的 2 个种（*M. vaga* ATCC 271119 和 *M. communis* DSM5604），海杆菌 *Marinobacter* 属的 1 个种（*Marinobacter hydrocarbonoclasticus* ATCC

49840),色盐杆菌 *Chromohalobacter* 属的一个种(*Chr.marismortui* ATCC 17056),以及需盐芽孢杆菌 *Salibacillus* 属的 1 个种(*S. salexigens* DSM 11483)。

实验采用的培养基是用水溶液与一定量的细菌琼脂(bacto–agar)混合后得到的固态凝胶,离子主要以扩散方式运动,而非对流,这与多孔介质相似。凝胶中,细菌琼脂的含量为 20g/L,酵母提取物含量(重量 / 体积)为 1%,月示蛋白胨(proteose peptone)为 0.5%,葡萄糖 0.1%,还有少量 NaCl,以便使盐度维持在 3.5%。用 0.1M 的氢氧化钾将 pH 值调节到 7.2。将实验样品分成 12 份,每份的 Ca 和 Mg 浓度不同,Mg/Ca 比为 2～11.5(表 2)。

表 2　培养实验开始和结束时培养基中物质的化学组分(据 Sánchez-Román 等,2011)

培养基	aCa (mM)	aMg (mM)	aMg/Ca	apH	bCa (mM)	bMg (mM)	bMg/Ca	bpH
C1	5.7	18.7	3.3	7.2	0	1.7	–	9.0
C2	5.7	28	5	7.2	0	2.6	–	9.0
C3	5.7	65	11.5	7.2	0	6.1	–	9.0
C4	11	37	3.3	7.2	2.7	3.5	1.3	9.0
C5	11	65	5.7	7.2	3	6.1	2	8.5
C6	11	92	8.2	7.2	2.5	8.6	3.4	8.5
C7	17	46.7	2.7	7.2	3.6	4.4	1.2	9.0
C8	17	73.8	4.4	7.2	4.5	6.9	1.5	8.5
C9	17	93	5.5	7.2	4	8.7	2.2	8.5
C10	22	46	2	7.2	3.7	4.3	1.2	9.0
C11	22	93	4	7.2	4.5	8.7	1.9	8.5
C12	22	187	8.2	7.2	5.9	17	2.9	9.0

注:a 培养实验开始时培养基中的化学组分。
b 培养实验结束时培养基中的化学组分。

在 30℃下,将样品在大气中放置了 1 个月,其间进行多次观察,然后将沉淀物分离出来进行分析化验。他们的研究表明,对于不同的样品,鸟粪石和碳酸盐矿物沉淀需要的时间不同,短的为 4 天,长的为 22 天(表 3)。沉淀物的成分和含量见表 4。

表 3　不同样品中鸟粪石和碳酸盐矿物沉淀用的时间(天)(据 **Sánchez-Román 等,2011**)

菌株	培养基代号和沉淀矿物类型																							
	C1		C2		C3		C4		C5		C6		C7		C8		C9		C10		C11		C12	
	S	C	S	C	S	C	S	C	S	C	S	C	S	C	S	C	S	C	S	C	S	C	S	C
Halomonas pacifica [a]ATCC 27122	8	10	8	11	6	7	14	6	6	6	10	10	12	7	10	6	9	5	12	5	6	4	7	5
H. halophila [b]CCM 3662	9	11	8	11	9	10	14	9	8	6	7	10	12	7	12	6	9	5	12	5	6	4	7	5
H. venusta ATCC 27125	10	11	10	12	7	9	14	7	8	6	11	10	12	7	10	6	9	5	12	5	7	5	7	5
H. pantellerensis [c]DSM 3051	9	10	9	10	7	8	15	8	6	6	9	10	12	7	9	6	9	5	12	5	7	4	8	5
H. halodenitrificans ATCC 13511	9	10	8	11	8	9	15	8	7	5	9	10	10	7	12	6	9	5	10	5	8	4	8	5
H. eurihalina ATCC 49509	10	11	10	12	10	11	15	10	6	5	6	8	10	7	13	6	10	5	10	5	8	4	8	5
H. aquamarina ATCC 14400	9	11	11	12	10	11	16	10	10	5	7	8	10	7	12	6	10	5	9	5	6	4	7	5
H. subglaciescola [d]ACAM 12	10	12	11	12	10	12	16	10	9	5	9	8	10	7	12	6	10	5	9	4	6	4	9	6
H. variabilis DSM 3051	9	10	11	12	10	11	16	10	10	5	12	8	11	7	13	6	11	5	9	4	6	4	7	6
H. cupida ATCC 27124	8	10	9	10	8	9	15	9	9	6	12	8	10	7	10	7	9	5	9	4	6	4	8	6
H. salina ATCC 49509	8	10	10	10	8	9	14	9	9	5	12	10	9	8	10	7	9	5	8	4	6	5	8	6
H. marina ATCC 25374	8	10	[illegible]	13	10	11	14	10	14	5	11	10	9	8	9	8	9	4	8	4	7	5	8	6

续表

菌株	培养基代号和沉淀矿物类型																							
	C1		C2		C3		C4		C5		C6		C7		C8		C9		C10		C11		C12	
	S	C	S	C	S	C	S	C	S	C	S	C	S	C	S	C	S	C	S	C	S	C	S	C
H. meridiana ACAM 246	8	10	11	13	10	11	15	10	10	5	10	10	9	8	10	8	8	4	8	4	7	5	9	5
H. canadiensis ATCC 43984	9	10	11	13	9	10	16	9	10	5	10	10	9	8	10	8	10	4	8	4	7	5	9	5
H. halodurans ATCC 29686	9	11	11	12	7	8	18	9	10	5	11	10	9	8	11	8	10	4	8	5	7	5	7	5
H. elongata ATCC 33173	8	9	11	13	7	8	20	9	10	5	9	10	10	8	10	8	9	4	7	5	7	5	7	5
Marinomonas vaga ATCC 27119	9	10	12	14	9	10	20	9	10	5	12	11	10	8	10	8	9	5	8	5	7	4	8	6
M. comunis DSM 5604	9	10	12	14	7	8	21	9	8	6	12	10	10	8	12	6	9	5	8	4	7	5	9	6
Marinobacter hidrocarbon-oclasticus ATCC 49840	8	11	12	14	8	9	19	10	10	6	11	11	10	8	12	6	9	5	8	4	8	5	9	6
Chromohalobacter maris-mortui ATCC 17056	12	14	10	10	8	9	19	9	14	5	9	10	10	8	12	8	10	6	7	5	8	5	7	5
Salibacillus salexigens DSM 11483	10	11	10	10	8	9	22	9	12	5	10	11	11	8	10	8	10	6	7	5	8	4	8	6

a ATCC, American Type Culture Collection. b CCM, Czech Collection of Microorganisms. c DSM, Deutsche Sammlung von Mikroorganismen. d ACAM, Australian Collection of Microorganisms.

表 4 培养实验中沉淀物的 XRD 矿物学分析(据 Sánchez-Román 等,2011)

培养基	矿物含量(%)	白云石或高镁方解石的 d_{104}(Å)	白云石或高镁方解石的分子式
C1	D(40%),C(30%),HM(25%),S(5%)	2.893	D: $Ca_{1.06}Mg_{0.94}(CO_3)_2$
C2	D(45%),H(23%),C(10%),HM(15%),S(7%)	2.891	D: $Ca_{1.05}Mg_{0.95}(CO_3)_2$
C3	D(45%),H(30%),HM(15%),S(10%)	2.888	D: $Ca_{1.04}Mg_{0.96}(CO_3)_2$
C4	D(75%),HM(20%),S(5%)	2.905	D: $Ca_{1.14}Mg_{0.86}(CO_3)_2$
C5	HMC(70%),HM(25%),S(5%)	2.976	HMC: $Ca_{0.80}Mg_{0.20}CO_3$
C6	D(60%),HM(35%),S(5%)	2.900	D: $Ca_{1.10}Mg_{0.9}(CO_3)_2$
C7	HMC(100%)	2.932	HMC: $Ca_{0.66}Mg_{0.34}CO_3$
C8	D(65%),HM(25%),S(5%)	2.900	D: $Ca_{1.10}Mg_{0.9}(CO_3)_2$
C9	D(65%),HM(30%),S(5%)	2.907	D: $Ca_{1.15}Mg_{0.85}(CO_3)_2$
C10	HMC(100%)	2.992	HMC: $Ca_{0.85}Mg_{0.15}CO_3$
C11	HMC(100%)	2.982	HMC: $Ca_{0.82}Mg_{0.18}CO_3$
C12	D(75%),HM(20%),S(5%)	2.910	D: $Ca_{1.15}Mg_{0.85}(CO_3)_2$

注:D 白云石;C 方解石;HMC 高镁方解石;H 碳酸钙镁石;HM 水菱镁矿;S 鸟粪石。白云石和高镁方解石的化学式主要根据衍射光谱中 d_{104} 峰的位置得出(据 Lumsden,1979)。

从他们的实验可以看出:

① 微生物作用普遍使 pH 值升高。所有含有微生物的样品在 1 个月后,pH 值均升高至 9 左右。导致 pH 值升高的原因是微生物的新陈代谢作用释放出了 NH_3,溶于水后形成生成一水合氨(弱碱),一水合氨部分电离,生成铵根离子 NH_4^+ 和氢氧根离子,使水呈碱性:

$$NH_3+H_2O = NH_3 \cdot H_2O$$

$$NH_3 \cdot H_2O = NH_4^++OH^-$$

② 微生物作用诱发了沉淀。所用的介质对碳酸盐矿物都是不饱和的,但却沉淀出了碳酸盐矿物,这是因为微生物的新陈代谢作用改变了其周围的微环境,使 pH 值升高,释放的 CO_2 则使 CO_3^{2-} 升高,导致介质对碳酸盐过饱和。在无微生物和有死微生物的样品中,pH 值未变,也没有任何矿物沉淀。

③ 碳酸盐矿物晶体数量和大小随放置时间增长而变多、变大,晶体大小为

几微米到几十微米，呈球状或哑铃状。

④ 介质中 Ca^{2+} 和 Mg^{2+} 的浓度影响矿物的类型和沉淀的先后顺序。在 Ca^{2+} 浓度最低（5.7mM）的 C1、C2 和 C3 样品中，鸟粪石最先沉淀，之后是水菱镁矿、碳酸钙镁石、高镁方解石和白云石；在 C4、C5 和 C6 样品中，Ca^{2+} 浓度为 11mM，水菱镁矿最先沉淀，之后是高镁方解石、白云石和鸟粪石。在 C8、C9 和 C12 样品中，Ca^{2+} 浓度为 17～22mM，白云石最先沉淀，之后是水菱镁矿和鸟粪石。在 C1、C2、C3、C4、C6、C8、C9 和 C12 中，白云石是主要组分，但在 C5、C7、C10 和 C11 中，则没有白云石沉淀，只有高镁方解石。

⑤ 介质中 Ca^{2+} 含量越高，白云石和高镁方解石中的 Ca 含量就越高。样品 C1、C2 和 C3 中的白云石几乎是化学计量的，含 51%–53%（mol）$CaCO_3$；而样品 C4、C6、C8、C9 和 C12 中的白云石是富钙的，含 55%～58%（mol）$CaCO_3$。

⑥ 随着 Ca^{2+} 含量升高，鸟粪石沉淀的速率和数量降低，而碳酸盐矿物沉淀的速率和数量则升高。

⑦ 碳酸盐矿物的 $\delta^{13}C$ 为 −26.8‰到 −18.2‰，反映为有机碳源。其中，白云石的 $\delta^{13}C$ 为 −26.8‰到 −20.0‰。随着富镁碳酸盐矿物中 Ca 含量增加，$\delta^{13}C$ 有变小的趋势，而 Mg 增加则会使 $\delta^{13}C$ 变高。这说明 Ca 有利于 ^{12}C 进入碳酸盐矿物晶格，而 Mg 则有利于 ^{13}C 进入晶格（Jiménez–López 等，2006）。因此，白云石的 $\delta^{13}C$ 一般比与其共生的方解石的 $\delta^{13}C$ 高。

（2）现代实例

① 巴西 Brejo do Espinho 泻湖现代白云石实例

需氧喜盐菌形成白云石的一个现代实例是巴西 Brejo do Espinho 泻湖中的现代白云石（据 M ó nica S á nchez–Rom á n 等）。该泻湖位于前述 Lagoa Vermelha 泻湖东侧，处于更新世沙丘之间，也是咸化泻湖，盐度随干、湿季节变化。其水深小于 0.5m，湖水来自通过沙丘渗入的大西洋海水和北侧 Lagoa Aruarama 泻湖的咸化海水，以及大气降水，Mg/Ca 比平均约为 5。湖底发育较厚的多种颜色的藻席，并含氧。

研究者在泻湖中部取了 25cm 的沉积物（主要由碳酸盐泥组成）岩心，其上部 10cm 纹理不清晰，下部 15cm 纹理发育。矿物成分主要为高镁方解石和白云石，还有少量方解石。

自沉积物表面向下，高镁方解石含量降低，白云石含量升高，在 21cm 处全部变为白云石，说明高镁方解石转化成了白云石。根据 X– 射线衍射分析，5cm 和 21cm 处样品中的白云石几乎是化学计量的，分别为 47%（mol）Mg 和 52%（mol）Mg。5cm 处高镁方解石中含 25%（mol）Mg。

高镁方解石是如何转化为白云石的？是通过溶解—沉淀作用、交代作用还是离子置换作用？目前尚不清楚。溶解—沉淀在此是指高镁方解石溶解，白云石在附近沉淀，而不是在高镁方解石溶解后腾出的位置沉淀。交代作用实质上也是溶解—沉淀，但白云石在高镁方解石溶解后腾出的位置生长，高镁方解石边溶边退，白云石则边长边进。离子置换作用则是在固态下进行，没有溶解—沉淀过程，高镁方解石中的部分 Ca^{2+} 通过扩散迁移出晶格，Mg^{2+} 则通过扩散进入晶格。无论实验室内还是现代沉积中，尚未发现白云石交代高镁方解石或其他碳酸盐矿物的现象，白云石晶体与其他碳酸盐矿物都是相互独立存在的，因此白云石可能不是通过交代作用形成。也没有见到离子置换作用的证据，例如高镁方解石中的 Mg 含量越来越高，直至变为白云石。很有可能，白云石是通过溶解—沉淀作用形成的。

沉积物中有机质含量向下逐渐降低，在表层有机碳含量为 12.5%，而到了纯白云岩层，则降为 2.5%，说明在白云石形成的过程中消耗了有机质。

碳酸盐沉积物的 $\delta^{13}C_{PDB}$ 从表层到 18cm 深处变化不大，约为 -2‰，但白云岩层的 $\delta^{13}C_{PDB}$ 却快速降低至 -10‰，反映有机碳的大量加入。$\delta^{18}O$ 则一直较稳定。

研究者利用从泻湖沉积物中提取出来的两种细菌（*Virgibacillus marismortui* 和 *Marinobacter* sp.），在实验室内模拟泻湖沉积的成岩环境，在有氧条件下沉淀出了白云石，说明泻湖沉积物中的白云石应是这些细菌形成的。

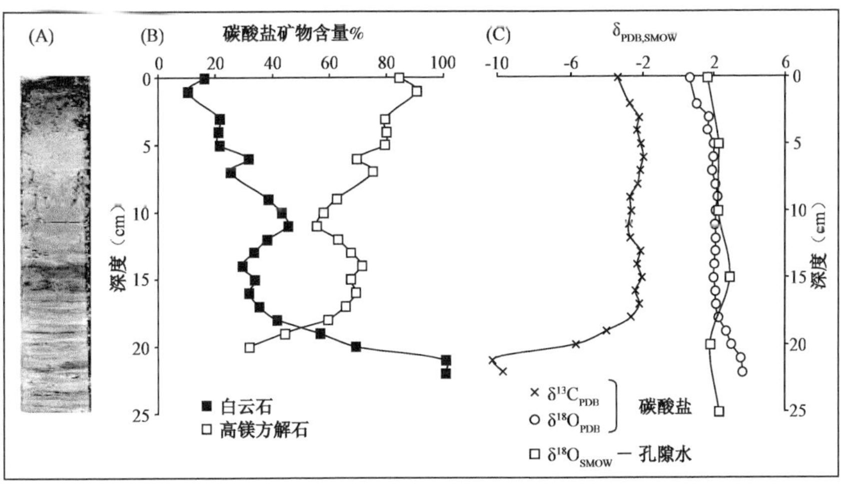

图 11 Brejo do Espinho 岩心柱状图和地球化学特征（据 Sánchez-Román 等，2009）

A：Brejo do Espinho 的岩心照片；B：通过 XRD 分析可见岩心中深度 20～23cm 层段主要矿物成分由高镁方解石转变为白云石；C：块状碳酸盐和孔隙水的 $\delta^{18}O$ 组成在 20cm 以下偏正，而 $\delta^{13}C$ 组成相对偏负，说明了有微生物活动影响

图 11　Brejo do Espinho 岩心深度 21cm 处纯白云岩层段的扫描电镜图像（据 Sánchez-Román 等，2009）。
在早成岩阶段白云石由球状成群分布的纳米级晶体向结晶程度较好的菱面晶体转化

② 青海湖现代白云石实例

青海湖半深湖沉积中也发现了现代白云石（Deng et al.，2010）。青海湖水的盐度为 1.25%，pH 值为 9.3。研究者在湖东部距岸约 10km 处取了 5m 深的沉积物岩心，自上而下均发现了白云石，其含量可高达 40%，常与莓状黄铁矿伴生。白云石集合体大致呈球状，直径 3μm 左右，由更小的球状、半球状白云石组成。根据化学计算，孔隙水对白云石高度过饱和，为饱和度的 1000～100000 倍，Ca^{2+} 浓度为 0.1～5.5 mM，Mg^{2+} 浓度为 9～70 mM，Mg/Ca 为 7.9～111.4，平均 61（Deng et al.，2010）。从表层到 5m 深处，白云石的 $\delta^{13}C_{PDB}$ 为 0.85‰～-1.21‰，$\delta^{18}O_{PDB}$ 为 -1.59‰～-9‰，两者均随埋藏深度增大而降低。湖水的 $\delta^{13}C_{PDB}$ 为 0.85‰，沉积物有机质的 $\delta^{13}C_{PDB}$ 为 -27‰，说明水中溶解的无机碳为白云石的主要碳源。研究者用从沉积物中发现的硫酸盐还原菌 *Desulfotomaculum ruminis* 和需氧喜盐菌 *Halomonas marina* 进行了 1 个月的模拟实验，均沉淀出了白云石，晶核可能是细胞壁和细胞外。但用含有杀死的微生物的湖水实验却没有沉淀出白云石，尽管湖水对白云石高度过饱和。他们的实验还表明，尽管有些研究者认为 SO_4^{2-} 对白云石形成有毒害作用，降低其含量有助于白云石形成，但他们认为 SO_4^{2-} 含量对白云石形成没有影响，因为用 *Halomonas marina* 进行的实验中 SO_4^{2-} 含量一直较高（为 16 mM），但却沉淀出了有序的白云石（图 13）。

白云石呈球状—次球状，聚集成团块分布，团块直径可达 3μm，团块表面粗糙多呈瘤状，多见微米—亚微米级孔隙；白云石团块的能谱图中，Au 峰是样品镀金导致，Si 峰说明样品中可能含有杂质。

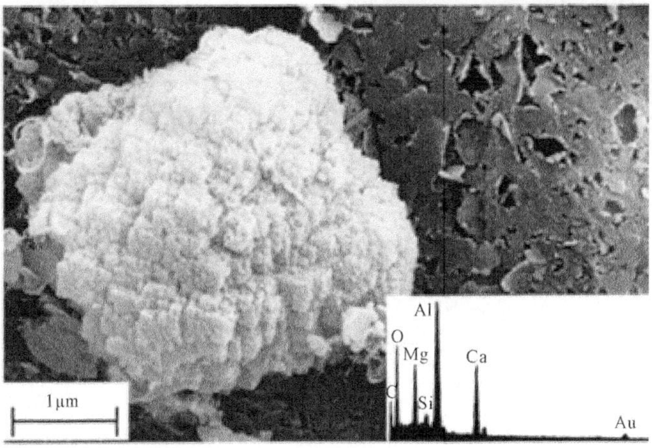

图 12　青海湖水体—沉积物界面下 27～56cm 沉积物中白云石的扫描电镜图像和能谱分析(据 Deng 等,2010)

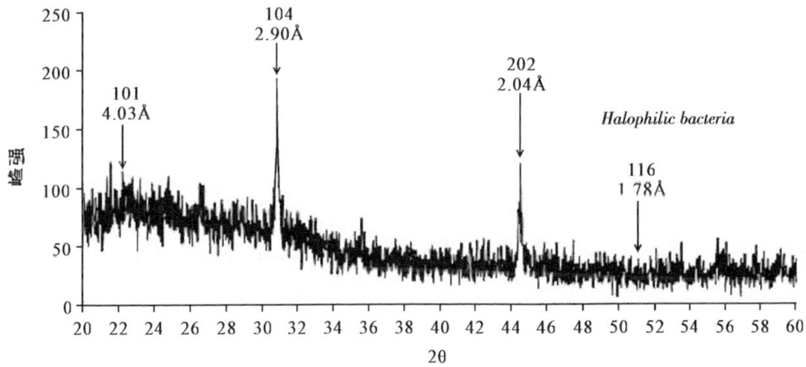

图 13　实验中 *Halophilic bacteria* 所沉淀白云石的 XRD 峰图(据 Deng 等,2010)
白云石 XRD 峰图中的四个易分辨的峰(2.91,2.68,2.04,和 1.78 Å)说明白云石具有有序结构

4. 讨论

无论实验还是现代实例,都表明白云石在微生物帮助下可以在常温下直接从水中沉淀出来。但如果没有微生物作用,白云石能否在常温下直接从水中沉淀出来呢？关于这个问题,目前尚无答案,因为在实验室内尚不能在常温下沉淀出白云石。

不过科学家们早在上世纪 60 年代就在超过 100℃的水溶液中沉淀出了白云石。

1973 年,穆勒和费斯波克(Muller & Fishbeck)通过溶解纯白云石或用 $CaCO_3$ 和 $MgCO_3$ 试剂,制成了 Mg/Ca 比为 1∶1 的水溶液,然后冻干成碳酸盐凝胶，其 Mg/Ca 比为 1∶1。再在 55℃下润湿碳酸盐凝胶，一周后就沉淀出了球状原白云石。

2015 年劳坚古布兰科等（Rodriguez-Blanco et al.，2015）不仅在 60～220℃的水溶液中沉淀出了白云石，而且弄清了白云石的形成过程。这种过程分三步：

第一步：形成纳米级含少量镁的非晶质碳酸钙微粒，即 Mg-ACC（magnesium-deficient amorphous calcium carbonate）。ACC 是碳酸钙的一种多形体，是一水水合物。

第二步：形成原白云石。经过一段时间（温度越高时间越短）后，Mg-ACC 部分脱水，离子开始进行有序排列，之后快速（在 5 分钟之内）结晶形成纳米级非化学计量的富钙原白云石（proto-dolomite）晶核。原白云石晶核是通过 Mg-ACC 溶解、释放出的离子立即在附近沉淀而形成的。

第三步：形成真正的白云石。上述过程不断重复发生，使原白云石晶核不断集聚形成球状集合体。球状集合体经过较长时间（几小时到几天）的奥斯特瓦尔德成熟机制（Ostwald-ripening mechanism）而转化为高度结晶的、化学计量的白云石。奥斯特瓦尔德成熟机制是指小晶体不断溶解，释放出来的离子又在大晶体表面上沉淀的过程，即小晶体转化为大晶体的过程。这是因为体积相同时，分割的颗粒越小，表面积越大，越不稳定。多个小晶体转化为 1 个大晶体可以降低表面能。

这种非晶质碳酸钙—原白云石—白云石的三步结晶过程也可以用来解释现代咸化海水环境中微生物形成的原白云石。

上述实验也表明，高温有利于白云石形成。在自然界中，高温白云石是常见的。例如，白云岩晶洞中常充填粗大的白云石胶结物和马鞍形白云石，其流体包裹体的均一化温度多在 70℃以上，有的可高达 200℃左右，说明是在高温下沉淀的，而且应该是在无微生物帮助下沉淀的。

自然界中也有常温白云石。例如，有些颗粒白云岩中，胶结物是白云石。这种白云石胶结物应是在浅埋藏阶段从孔隙水中沉淀形成的。福克还报道了地表形成的淡水白云石。不过常温白云石的沉淀过程是否得到了微生物的帮助尚不清楚。

正是常温下不能在实验室中纯粹通过化学作用沉淀出白云石，使很多学者对原生沉积机理持怀疑态度，并认为考龙泻湖、深泉湖中的现代白云石不是直接沉淀出来的，而是在湖底通过交代现代灰质沉积物形成的，为次生的。

虽然存在微生物白云岩，但古代很多泥、粉晶白云岩中并没有找到微生物作用的证据，是因为微生物证据没有保存下来，还是根本就不是微生物白云岩？如果不是微生物白云岩，那么是原生沉淀的还是准同生交代的？这些问题都还没有答案，须进一步研究。

第四章 社科类论文写作及实例

社会科学(简称社科)是用科学的方法研究人类社会种种现象的科学。自然科学是研究自然的,社会科学是研究社会的。社会科学所涵盖的学科包括:社会学、教育学、经济学、管理学、政治学、法学、伦理学、历史学、心理学、人类学、民俗学、新闻学、传播学等。社科类论文就是反映社会科学研究成果的论文。

一、写作方法

社科类论文与科技论文都属于研究论文,因此其基本写法与科技论文有很多相似之处,但社会科学毕竟属于文科,又与文学类文章有相似之处,结构比较松散,随意性较大。可以说社科类论文是介于科技论文和文学类文章之间的论文。

社科类论文一般包括5部分:题目、摘要、关键词、正文、参考文献。题目、摘要、关键词和参考文献的写法与科技论文相似,在此不再赘述。本章着重说一说正文的写法。

正文一般包括5部分:引言、研究方法、观点论述、结论、致谢。但许多情况下,可以没有研究方法、致谢甚至结论。

"引言"主要是提出问题,简述关于这个问题的研究现状(即哪些人做了类似研究,提出了什么观点),抛出自己的观点。

"研究方法"指研究中采用了什么方法(例如问卷调查法),怎么做的研究。如果没有采用什么研究方法,则该部分删掉。

"观点论述"是论文的主体,要围绕题目所提出的观点,通过摆事实、列数据、推理分析等,来论证自己提出的各个观点。

“结论”就是简要总结自己研究得出的结论。有些情况下，可以省略此部分。

“致谢”就是感谢下为本文撰写提供帮助的人，可以没有。

二、范例

下面以“金振奎，金明，贾若溪．高校培养研究型本科生的必要性与措施．石油教育，2017，1期”为例，说明社科类论文的写法。

高校培养研究型本科生的必要性与措施

金振奎[1]　金　明[2]　贾若溪[2]

1. 中国石油大学（北京）地球科学学院，北京 昌平 102249

2. Engineering College, University of California, Berkeley, California, USA

［摘要］高等教育应以能力培养为核心，能力是衡量高校人才培养质量最关键的指标，把本科生当研究生培养，培养研究型本科生，是大幅提高学生工作能力的有效途径。通过精简课堂教学内容、精简课时、采用讲课＋自学的教学方法、优化课程设置、改革毕业设计、导师配置多样化、鼓励学生开展学术活动等，可以达到研究型本科生的培养目标，可以让本科生在4年内接近甚至达到现在需7年才能达到的研究生水平。

［关键词］高等教育；教学改革；培养模式；研究型本科生；能力培养

我国高校毕业生工作后，“所用非所学”现象严重。2016年12月21日由中国社会科学院在北京发布的一份调查报告指出，我国2011—2015届高校毕业生工作与专业相关度仅为65%左右，而且，高校毕业生在就业半年内的离职比例平均高达35%左右，离职后基本不会从事与所学专业有关的工作。近3年来，高校毕业生工作与专业相关度很可能连50%都达不到。这意味着对很多高校毕业生来说，大学里学的专业知识是无用的，白白浪费了宝贵的时间。

近些年来，我国的高等教育在社会上广受诟病，“大学无用论”盛行，以至于很多学生出国留学，这是不争的事实。高校应该教授学生什么？应该怎样培养学生？关于这个问题，不少学者进行了探讨[1-5]。

笔者认为，我国高等教育最大的症结在于其教育模式是知识传授型的。这种教育模式使得大学成为高中的延续，与高中的教育模式没有本质区别，所不同的是，大学传授的是专业知识而已。我国高等教育已经到了必须革命的时候，即废除以专业知识传授为核心的教育模式，实行以能力培养为核心的教育模式，这种以能力培养为核心的教育模式将是世界领先的教育模式，将引领世界高等教育新潮流。

要实现以能力培养为核心的目标，把本科生当研究生培养，培养研究型本科生将是有效途径。

一、能力是衡量高校人才培养质量最关键的指标

大学里应该教学生什么？这个问题看似简单，但真正清楚并有效贯彻执行的高校却寥寥无几。笔者认为，大学里不仅应该教授专业知识，更重要的是培养学生的各种能力。然而，很多大学把大部分人力、精力、物力投入到专业知识传授上，将教授专业知识远远置于能力培养之上。尽管口头上喊着要重视能力培养，要推进教学改革，推进"研讨式教学""启发式教学"等，但在实际教学中，能真正做到的少之又少。

高等教育应以能力培养为核心[1]。评价一所大学人才培养质量的最关键的指标就是学生的能力，其次才是学生的专业基础，前者的权重应占60%～70%，后者占30%～40%。能力有多种，包括创新能力、发现问题和解决问题能力、自学能力、分析总结能力、写作能力、口头表达能力、交际沟通能力、危机处置能力、心理抗压能力、身体抗病能力等[1]。高校在课程设置、教学内容和教学方法上，除了要考虑传授专业基本知识外，更要考虑如何培养学生的各种能力，建立一套系统、完整的能力培养方案。针对各种能力的培养，金振奎等(2012)提出了一些方法和措施[1]。

为什么要把能力培养放在首要位置呢？

一个人记忆的知识是有限的，往往前面学，后面忘，最终能记住的并不多。根据对国内外一些高校统计，大学生毕业时，能记住的知识不到所学知识的20%。而且，如果不会创造性地开发、应用知识，那么所学知识就更是毫无用处。很多大学生毕业后到了工作岗位上，根本不能独立承担一项专业工作，还需跟着现场师傅学习、锻炼2～4年后才行。这真实地反映了我国高校人才培养的现状。

近几年，多个行业到了低谷，很多单位招聘高校毕业生的人数大幅下降，就业率大都降到了20%～30%，很多毕业生找不到与专业有关的工作，只好拼命复习考公务员或从事与专业毫无关系的工作，大学4年所学的专业知识全废了，4年大学基本白上了。这就是只重视专业知识传授的结果。

相反，如果教会了学生各种能力，今后无论遇到什么样的新问题和困难，都能想办法解决；无论做什么工作，都能胜任，都能做好，因为各行各业分析问题、解决问题的思路是一样的，“只有能力是通用的”。只要学生学会了各种能力，专业知识少些不要紧，他知道怎样通过自学或其他途径获得所需知识。这就是“授人以鱼不如授人以渔”的能力。只有能力，才是教给学生终生受用的宝贵财富。

因此，能力培养必须成为高等教育的核心，成为教学改革的核心。本文提出把本科生当研究生来培养，即培养研究型本科生，则是大幅提高学生工作能力的捷径。

二、培养研究型本科生的必要性和可行性

不少学者认为，本科生以学习专业知识为主，硕士研究生以学会应用专业知识解决问题为主，博士研究生则以创造专业知识为主。笔者认为，这种观点不正确。

如果一个学生花费了宝贵的4年，只是学到了一些专业知识，而不会应用，那么高等教育就是失败的。况且，大部分本科生毕业后就奔赴工作岗位，不能继续考研深造。难道要把能力培养交给他们的工作单位吗？让他们在工作中通过不断碰壁、失败、摸索来锻炼工作能力吗？

大学毕业后就能独立开展工作，应是对高等教育最基本的要求。一个人年轻的时候，创造力旺盛，精力旺盛，如果他能及早掌握了科学研究的方法，就能早出成果、多出成果，将极大提升创新能力，早日成才。把研究生培养模式应用到本科生培养中，培养研究型本科生，则是达到这个要求的有效途径，是非常必要的。

目前国内外很多高校本科生的培养一般包括两部分：前3.5年上课（含实验、实习），后0.5年做毕业论文。硕士研究生的培养也包括两部分：前1年上课，后2年做论文。从时间分配上可以看出，两者最大的不同是本科生以上课为主，研究生以做研究为主。

如何把本科生当研究生来培养呢？——压缩上课时间，延长做研究和写论文时间。本文建议上课时间压缩至2～2.5年，做研究和写论文时间延长至1～1.5年。

3.5年的上课时间压缩至2～2.5年可行吗？完全可行。这种可行性基于三点考虑：第一，如前所述，传授专业知识不是高校培养的首要任务，能力培养才是；第二，教多了，学生也记不住，因此不如少教、精教；第三，人的弹性很大，要求有多高，水平就会有多高。

三、研究型本科生培养方法和措施

要让本科生在4年内接近甚至达到现在需7年才能达到的水平，达到研究型本科生的培养目标，应采取如下方法和措施：精简课堂教学内容、精简课时、采用讲课+自学的教学方法、优化课程设置、改革毕业设计、导师配置多样化、鼓励学生开展学术活动。

1. 精简课堂教学内容和课时的方法——讲课+自学

笔者认为，一门课最主要的目的是让学生记住这门课最基本的内容，尤其是了解这门课有什么用，能解决哪类问题，而不是让学生记住这门课的全部或大部分内容。很多教师恨不得把这门课的知识全部教给学生，总觉得学时不够，这是不正确的，因为在知识爆炸的时代，记忆多少都不够。了解这门课的用途，以后工作中如果需要这方面的知识，学生可以深入自学或通过其他途径获得相关知识。如果以后工作根本用不到这门课的知识，自然就不用浪费时间再去自学了。如果在大学里花了很多时间去学习这门课，而工作中又没用，岂不白学了？

为了达到精简课堂内容和学时而又能提高教学效果的目标，笔者在此提出这样的教学模式："讲课+自学"，并以自学为主。

课程的内容应以自学为主，讲课为辅。课堂上教师主要讲基本的、关键的、难懂的内容，解答和组织讨论问题；不怎么重要的、一看就会的内容让学生自学。开始上课前，把课件发给学生，指定教材和参考书；每堂课结束时，告诉学生下堂课要讲哪些内容，需明白哪几个问题，让学生自学哪些内容，并带着问题来听课，甚至指定问题，让学生站到讲台上讲几分钟。让老师少讲，学生多做。这样不仅可以大大提高学生自学能力、发现问题和解决问题能力、分析总结能力、以及表达能力，而且让学生亲自做，会记忆得更多、更牢，因为在此之前不少学生在课堂上听讲时，会经常走神。老师讲得再多，他没听进去，岂不白讲？此外，还有可能将研讨式、启发式教学真正开展起来。试想，如果学生都没有这方面的知识，一问三不知，如何研讨起来呢？因此，通过"讲课+自学"这种模式，就可以大幅精简每门课的学时和课堂讲授内容，还可大幅提高教学效果。笔者认为，把学生教成老师，才是教学的最高境界。

2. 优化课程设置

课程的数量是否需要精简呢？要具体情况具体对待，要组织专家对课程设置进行优化，有些情况下需要精简，有些情况下还要增设。课程设置应以教授专业基本知识和拓宽知识面为原则，对学生以后的工作直接或间接有用。

一些国内著名高校强调数理化等基础科学的通识教育，不管什么专业，都要学习，而且学时多。笔者认为，这就是典型的不分目的的知识灌输。例如，高等数学对有些学科很重要，而对有些学科（如文学、英语等学科）就不重要甚至没有用。如果花大量时间去学习，岂不是浪费时间？所以要针对每个专业，充分论证每门课设置的必要性。有些情况下，出现了新学科、新知识，这时可根据需要增设课程。

课程应有核心课程和一般课程之分。核心课程是某个专业必备的知识，学时需相对多些，需采用“讲课 + 自学”教学模式；而一般课程则是介绍知识，让学生一般了解即可，尤其是其用途，这样在以后工作中遇到问题时，可以想起哪些课的知识会有帮助，然后再自学或通过其他方式获得。一般性课程的学时需少，不易超过 16 学时，而且不易采取“讲课 + 自学”教学模式，因为学生的时间是有限的，每门课都这样要求，学生将不堪重负，而且属于重复训练，没有必要。对于这些课，可以不用考试，不用布置作业，学生听听即可，通过即可。

3. 改革毕业设计—延长做研究的时间

我国很多高校中，本科生毕业设计从大四后半年开始，掐头去尾，真正做研究、写论文的时间仅 3 个月左右。在这么短的时间内，怎么可能做好毕业设计？

毕业设计是锻炼学生独立工作能力最重要、最关键的环节，是对以前几年教学成果的大检验，因此，应该将做研究、写毕业论文的时间延长至 1～1.5 年，以保证质量。当然，并不一定在最后 1～1.5 年完全不排课，而是可以排一些一般性的课程，以便学生有充足的时间做研究。

其实，毕业设计不一定非得等到大三、大四集中开始，完全可以在学生刚入学时，就告诉学生有毕业论文这种要求，确定导师，让学生根据自己的兴趣，早考虑、早准备、早入手，这样更能提高毕业设计质量。在某个领域开展研究的时间越长，越有利于学生对相关知识的掌握，有利于学生在这个专业领域的积累，有利于学生今后出创新成果。毕竟，十年才能磨一剑。

课程设置中，可以设论文写作的课程，教学生如何做研究，如何写论文。

本科毕业论文的要求可比照硕士研究生论文要求，需要包括 5 部分：选题、开题、做研究、写论文、答辩。当然，论文的质量和要求可以比硕士生低些。

选题可以锻炼学生提出科学问题的能力。应鼓励学生自主选题，也可在导师指导下选题。选题最好与所学专业有关，也可以为别的学科领域，毕竟科学是相同的。对于科研课题不多的高校，学生自主选题多样化是解决做毕业论文研究的有效途径。

开题可以锻炼学生文献调研能力、分析总结能力、表达能力等，需要像研究生一样进行开题答辩。开题报告可以要求按照自然科学基金申请书的格式写，不仅要包括研究的目的意义、研究现状、研究方法和技术路线、创新点、预期成果、时间安排，还要包括经费预算。

毕业论文的写作和答辩可以完全按照硕士生的模式。

此外，可以根据实际情况，要求学生在研究工作的基础上，以第一作者公开发表1篇科技论文；或者写出一篇科技论文，校内导师或答辩委员会认为达到正规发表论文的标准就行。

会写论文，对学生的成长十分重要。论文写作能够大幅提高学生提出和分析问题的能力、总结凝练能力和表达能力。万事开头难，对任何人来说，第一篇文章是个坎，一旦迈过去，就掌握了论文写作的基本方法，以后写论文就容易了。对于写出高水平论文的学生，学校应该给予物质或精神奖励。

4. 导师配置多样化

本科生论文的指导老师并不需限于在校教师，导师聘任方面可以创新，可以聘请博士后、博士生、硕士生、高年级优秀本科生、退休教师、校外专家做导师。尤其让研究生和高年级优秀本科生当指导老师，发挥“传、帮、带”的作用，不仅可以解决师资少的问题，而且对这些学生导师也是一种极大锻炼。甚至可以在答辩时，让学生指导的本科生与教师指导的本科生同台竞技，这对教师也有促进作用，因为如果教师指导的本科生论文还不如学生指导的，教师面子上是挂不住的。

退休教师是宝贵的资源，他们具有丰富的实践和教学经验，如果身体仍很健康，精力仍很充沛，应该返聘他们作为本科生导师，充分发挥余热。

5. 鼓励学生开展学术活动

本科生可以每年自己组织一次或多次各种规模的学术研讨会，像正规的学术会议一样，甚至可以举办英语学术会议，这样可以锻炼学生的组织能力、演讲能力、英语水平等。让每个学生每年都能登台演讲1次或多次，对学生的演讲能力锻炼是很大的。

大学应该成为学生锻炼自己各种能力的大舞台。如果大学里真正做到了这些，校园将变得生龙活虎，充满朝气，充满学术气氛。这样的大学，必将成为高水平的大学、用人单位争相抢夺毕业生的大学、考生向往的大学。

四、结论

（1）能力是衡量高校人才培养质量最关键的指标。

（2）把本科生当研究生培养，培养研究型本科生，是大幅提高学生工作能力的有效途径。

（3）通过精简课堂教学内容、精简课时、优化课程设置、改革毕业设计、导师配置多样化、鼓励学生开展学术活动等，可以达到培养研究型本科生的目标，可以让本科生在4年内接近甚至达到现在需7年才能达到的研究生水平。

[参考文献]

[1]金振奎，王晓卫．高等教育应以能力培养为核心[J]．中国石油大学学报(社会科学版)，2012，(S2)

[2]金振奎．美国伯克利加州大学办学特点及启示[J]．石油教育，2012，(6)

[3]金明．香港高校本科教育的特点及启示[J]．北京教育(高教)，2011，(10)

[4]张开鹏．研究生创新教育与教育创新[J]．理工高教研究，2006，(2)

[5]王德祥．研究生教育改革期待新突破[J]．中国高等教育，2004，(22)

[作者简介] 金振奎(1963—)，男，山东人，中国石油大学(北京)地球科学学院，教授；E-mail：jinzhenkui@188.com

第五章　课题立项申请书编写及实例

很多情况下,都会遇到写申请书的问题。申请书有多种。研究人员申请研究课题,需写课题立项申请书;研究生开题,需写开题设计书;大学生申请科技创新课题,需写课题立项申请书;项目竞标,需写标书(申请书的一种);入党,需写入党申请书。有的申请书长达上百页,有的仅仅几页。无论哪类申请书,其本质是相似的,即都是为了得到资助或许可。如果申请书能说服、能打动对方,使他们愿意给予资助或许可,那么申请书就是成功的。

在这里,主要说说研究课题立项申请书的编写。作为研究人员,会申请研究课题是事业成功的重要保障。因此,会编写课题立项申请书是十分重要的。

要成功申请到课题,立项申请书需很好地回答如下3个核心问题:(1)做什么?(2)为什么做?(3)怎么做?

你要做什么研究?要明确地回答:要研究的题目和要研究的具体内容是什么。

为什么要做这项研究?要明确地回答:这项研究有什么重要理论或实际意义,尤其是创新点是什么,这些创新点的意义何在。这部分要让评审者感到你的研究重要。

怎么做这项研究?要明确地回答:采用什么研究方法,具体的研究思路是什么。这部分要让评审者感到你采用的研究方法和研究思路是可行的,需要的数据资料是能够获得的,是能够完成这项研究的。例如,你要研究"宇宙的成因",这个课题的理论意义是非常重大的,但你怎么研究?有具体的思路吗?能做出来吗?

只要很好地回答了上述3个核心问题，基本上就成功了。当然，一份申请书还包括其他内容。

一、申请书的编写

申请书都大同小异，基本内容包括题目、摘要、关键词、正文。各部分的编写要点见下。

1. 题目

像起论文题目一样，课题题目要有新意，要能引起评审者的兴趣。

2. 中文摘要（限400字）

像写论文摘要一样，要包括申请书的核心内容，即研究目的及意义、研究方法、主要研究内容、创新之处。要回答做什么、为什么做、怎么做这三个核心问题。

3. 英文摘要（限3000 Characters）

将中文摘要翻译过来即可。

4. 申请书正文

申请书的核心内容通常包括10部分：研究目的及意义、研究现状、研究内容、研究方法和研究思路、研究特色和创新点、预期成果、进度安排、研究基础、人员分工、经费预算。不同的申请书，要求的格式虽然有差异，但这些核心内容都是必须有的。各部分内容的写法如下。

1）研究目的及意义

这部分要把研究的重要性说透，有什么实际意义或有什么理论意义，要回答“为什么做”，与论文中的研究目的及意义写法一样。

2）研究现状

这部分内容与论文中研究现状的写法一样。研究现状一般包括两个方面，一是国内外在这个研究领域取得的成果和认识，所有研究都应有这一部分；二是前人在这个地区取得的成果和认识，地质类研究需有此部分，其他研究不一定需要。研究现状调研的目的是证明自己的研究是前人从未做过的，不是重复工作。

例如，如果你申请的课题是“××地区寒武系白云岩的成因”，首先要综述国内外关于白云岩成因有哪些认识，然后综述前人针对××地区寒武系白云岩的成因做过哪些研究，取得了哪些认识。

当然，如果你开辟的是一个全新的研究领域，前人从未涉足，这是最好的。这时，现状调研只需写前人与这个领域直接或间接相关的一些研究，但要证明前人从未在这个领域做过研究。

如果需要，这部分可以插入图、照片或表，而且鼓励这么做。

3）研究内容

要完成一个研究题目，达到最终目标，通常需要分几步走，或者说要分几个单项（或方面）进行研究。这部分不仅要回答“做什么”的问题，还要回答每项研究内容具体“怎么做”的问题。

这一部分不仅要列出所有单项研究内容，而且针对每项研究内容要说清楚4个问题：为什么要设此项内容（简要说明该项内容为达到最终目标所起的作用）？根据哪些资料？采取哪些方法？怎么进行研究（详细的研究思路）？要使评审人相信，设置的每项内容是必要的，而且能够完成。研究思路和步骤要详细到什么程度呢？——其他人可以按照这个思路和步骤完成这项研究。

如果在这一部分就写研究方法和思路，会不会与后面的“研究方法”和“研究思路”内容重复呢？是有一定重复，但后面的研究方法和研究思路是总结性的，即把整个研究所采用的研究方法和研究思路再简要总结一下，让评审人做到心中有数。

当然，也有另一种写法，即“研究内容”部分只是列出各项具体的研究内容，并说明为什么要设此项内容，但不说明怎么做。针对每项研究内容所需的资料、研究方法和详细的研究思路放到“研究方法和研究思路”部分。尽管这么写与相应的标题相符，但笔者不赞同这种写法，因为评审人看到每项研究内容时，就立刻想知道你怎么去完成。

如果需要，这部分可以插入图、照片或表，而且鼓励这么做。

4）研究方法和研究思路

研究方法和研究思路属于研究方案的核心内容。这部分要回答整个研究“怎么做”的问题。如果需要，这部分可以插入图、照片或表，而且鼓励这么做。

研究方法与论文中研究方法的写法一样，要把整个研究准备采用的方法和技术写出来。研究方法可以包括实验分析手段（如扫描电镜分析、碳氧同位素分析等），但不只限于此。例如，可用对比研究方法，将今论古的研究方法，由已知到未知的研究方法，由地上到地下的研究方法，等等。

如果采用的方法是自己独创的，要写详细，以便能让别人重复验证。

有些申请书还要求写出“关键技术”，即关系到这项研究成败的技术，不是可有可无的技术。当然，一项研究是一个系统工程，缺一不可。这里的“关键技术”应指完成研究难点的技术。“研究难点”指不是常规研究方法所能完成的研究环节，而是不确定性最大的研究环节，可能成功，也可能失败，包括研究内容、资料获取等。

有些申请书要求写出研究难点，这时不能只是简单地列出研究难点，还要简要说明怎么攻克每个难点，即攻克难点的思路。

研究思路就是告诉评审人你完成这项研究的路线图，即分几步做，怎么做，先做什么，后做什么，通常要附上一张研究流程图。许多人不会做流程图。其实顾名思义，流程图就是把研究流程用图展示出来，起到一目了然的效果。流程图要包含所有列出的研究内容，要展示完成每项研究要用到哪些资料和哪些研究成果，该项研究完成后下一步干什么。

5）研究特色和创新点

研究特色指这项研究在研究方法和研究思路方面有哪些特色，包括采用了什么特色的方法和技术。

创新点指这项研究的预期成果中有哪些是创新的。注意，这里不能只是列出创新点，还要简要说明为什么是创新，要让评审人相信确实是创新。

6）预期成果

预期成果是指这项研究会在哪些方面取得哪些突破性认识。对于地质类项目，这部分还要写出准备编制哪些成果图件，包括图件的名称、数量、比例尺等，如“以世为单位的岩相古地理图 5 张，比例尺 1：10 万”“层序划分及沉积相分析柱状图 4 张，比例尺 1：500”等。

还要预估研究可能达到的水平，即指研究成果可能是世界领先（世界上独一无二）、世界先进（世界上已有这样的研究，但很少，属于前列）、国内领先（国内独一无二）、还是国内先进（国内已有这样的研究，但很少，属于前列）。

7）进度安排

要预估完成每项研究所需要的时间，把先做什么、后做什么写出来，还要把每项研究所需的时间（从何时到何时）写出来。

注意，进度安排要比对前面列出的各项研究内容，进度安排里的研究内容必须包括前面列出的所有研究内容。当然，进度安排可以更细些，可把每项研究又分几步完成写出来。

测算分析化验时间时，如果样品是送到别的实验室分析，需把排队时间考虑进去，因为常常并不是送去样品就立刻给你分析的。

8）研究基础

研究基础包括相关的工作基础、研究者的研究能力和信誉及实验设备。

相关的工作基础指在这个研究领域有哪些工作积累，是否完成过类似的项目，发表过类似的论文、获得过相关领域的奖项、专利等。这里列出的文章、奖项、专利等成果要与申请课题所属领域相同。

关于研究者的研究能力和信誉，要列出一些材料加以证明，如以前完成项目的评价（评审意见书）、创新性研究成果、获得的奖项、出版的著作、发表的论文等。包括研究价值、创新点和科学意义，在国内外同行中的水平及优势：这部分较重要，是反映研究者能力和信誉的。如果在国际一流刊物上发表过至少几篇文章，就属于能力强、信誉好的。

实验设备指单位是否具有完成该项研究涉及的实验设备，有哪些设备，其名称、型号是什么。

9）研究分工

一项研究通常是通过分工协作完成的。这就需要写清楚研究团队有哪些人，每个人负责哪些研究工作，每年花多少时间，分工需合理。

10）经费预算

资金预算要合理，少了，完不成研究任务，多了，会说你预算不合理。怎样预算资金？想清楚研究的每一步、每一个环节都要有哪些花费。例如，预算碳氧同位素分析经费时，不仅要考虑到一块样品要花多少钱，还要考虑到采集样品、运输样品等中间过程的费用。预算一般要比实际花费多50%左右，以防物价上涨、不可控因素等。如果是带报酬的研究，就要预算出自己想要的、合理的报酬。

二、申请书实例

现以一份自然科学基金申请书为例，说明申请书的编写。

申请项目名称：上扬子地区中二叠统白云岩分布规律及形成机理

摘要（400字以内）：上扬子地区中二叠统白云岩发育，是四川盆地的重要含气层位。但由于其分布规律和成因不清楚，其在盆地中的分布预测十分困难，成为了制约钻探成功率的瓶颈。（这部分简要回答为什么做）。本次将以露头研究为基础，通过露头剖面实测和观察，结合岩心观察、测录井资料分析和多种分析化验（薄片，流体包裹体，锶、镁、碳氧同位素，微量元素等），确定白云岩的类型及地球化学特征、区域分布规律、白云岩体的形态和定量参数，弄清白云岩形成机理，确定白云化水的循环模式（发源地、流动方向和路径、驱动力等），总结出白云岩发育控制因素，为盆地内白云岩分布预测提供理论依据。（这部分简要回答做什么和怎么做）创新点包括白云岩区域分布规律、白云岩形成机理、白云化水循环模式、白云岩分布控制因素等。（这部分回答创新点）

关键词：上扬子地区；中二叠统；白云岩分布规律；白云岩形成机理；白云化水循环模式；白云岩分布控制因素

1. 立项依据与研究内容（4000～8000字）

1）项目的立项依据（研究意义、国内外研究现状及发展动态分析，需结合科学研究发展趋势来论述科学意义；或结合国民经济和社会发展中迫切需要解决的关键科技问题来论述其应用前景。附主要参考文献目录）

上扬子地区中二叠统白云岩发育，但类型单调，普遍为细—中晶白云岩。目前在四川盆地中二叠统白云岩中的油气勘探获得了重要突破，多口钻井获得高产，如双探1井栖霞组日产气$87.6\times10^4m^3$，茅口组日产气$126.77\times10^4m^3$。但白云岩纵向和平面分布变化大，由于其分布规律不清，已经导致多口钻井失利。例如，矿2井中二叠统白云岩厚约50m，高产，而在仅数千米外钻的矿3井中就没有白云岩，失利。还如，为了寻找中二叠统白云岩储层2017年在四川盆地西部完钻的、投资2个多亿的超深探井永深1井（井深7000多米）没有钻到白云岩，失利了。××油公司都迫切想知道，四川盆地中二叠统白云岩究竟是怎么分布的？这是制约中二叠统油气勘探的重大问题。

关于上扬子地区中二叠统白云岩的研究，几乎全部集中在四川盆地[1-7]，因为这里有油气，仅个别研究是在露头区[8]。当然，盆地内和盆地外白云岩的岩石学特征和地球化学特征相似，成因应该是相同的。

关于四川盆地中二叠统白云岩的成因，目前有5种观点，即热水沉积[1]、热液白云化[2-4]、埋藏白云化[5]、混合水白云化[6]、或这几种白云化都有[7]。

热水沉积成因主张者认为，这些白云岩是沿大断裂冒上来的热水在海底直接沉积形成的[1]；热液白云化成因主张者认为，这些白云岩是热液沿大断裂白云化形成的[2-4]。持这两种观点的学者都认为：盆地中的白云岩应沿断裂分布。

但据我们初步的研究，很多证据表明白云岩不是热水沉积的，因为很多呈斑块状，明显是石灰岩不完全白云化形成的，在野外也看到有些层状白云岩横向延伸不远就变为石灰岩，这都是交代的证据。镜下见白云石交代腹足类、海百合等化石，进一步表明白云岩是次生的，不是沉积的。

而且，白云岩的分布也不受断裂控制。在远离断裂的地区，同样有多口井钻遇白云岩。前人编制的白云岩沿近北西向断裂分布的等厚图带有很大主观推测性，因为所用钻井稀少。更令人不解的是，盆地内既有北西向大断裂，也有北东向大断裂，两组断裂呈网格状，为什么白云岩不沿北东向断裂分布呢？热液或热水为什么不沿北东向断裂流动呢？永深1井在断裂附近且在该图预测的白云岩分布区内，为什么没有钻遇白云岩呢？

此外，滇东、川西南广大露头区，白云岩的分布更没有沿断裂集中的现象。在滇东，白云岩分布铺天盖地，但其丰度自昆明向东逐渐减低。

据我们和前人的研究，露头区和盆地内白云岩流体包裹体均一化温度普遍在90℃以上，说明白云化水的确是高温的，但上面两种观点主张者都没有拿出令人信服的证据来说明大量热水或热液是怎样形成的，怎样流动的。

至于深埋藏白云化，由于中二叠统之上、之下都缺乏大套海相页岩，难以通过压实排出大量残留海水引起白云化。上二叠统龙潭组虽然有不厚的浅海陆棚页岩，但横向上与其呈相变关系的吴家坪组石灰岩、直接覆于其上的长兴组石灰岩、直接伏于其下的茅口组石灰岩都未白云化。这说明埋藏白云化并没有在该区发生。

混合水白云化成因主张者认为，这些白云岩是颗粒滩出露海平面时混合水白云化形成的[6]。我们认为这不可能，因为白云石中流体包裹体均一化温度普遍高，说明不是在地表常温条件下形成的。

会不会是其他白云化机理呢？显然以往的研究者都考虑过这个问题，但热水沉积、热液白云化、埋藏白云化或混合水白云化是其最佳选择。我们在这里也不妨分析下其他机理是否可能。目前除了上面提到的4种成因外，国外学者提出的白云岩形成机理主要还有蒸发泵白云化[10]、渗透回流白云化[11]、蒸发沉淀[12]、微生物沉淀[13]等。

由于上扬子地区（包括四川盆地）中二叠统主要为开阔台地沉积，正常海化石丰富，既无蒸发潮坪沉积也无蒸发泻湖沉积，因此与咸化海水有关的白云岩形成机理（蒸发泵白云化、渗透回流白云化、蒸发沉淀）都不适用。白云岩主要为细、中晶，不会是微生物白云岩（通常为泥晶、细粉晶白云岩），扫描电镜下也没有发现微生物的痕迹。

更需指出，目前提出的白云化机理中，大多没有被验证，其正确性本身就存疑。

潮上带蒸发泵白云化（或称毛细管浓缩白云化）算是比较过硬的咸化海水白云化机理，因为波斯湾南岸、巴哈马台地、博内尔岛等有现代实例，但要是把这些现代白云岩中的咸化海水拿到实验室来，常温下既不能沉淀出白云石，也不能使灰泥白云化。而且，都是咸化海水，为什么白云化只发生在潮上带，而没有发生在相邻的咸化泻湖湖底（如博内尔岛）？因此蒸发泵白云化似乎只是一种现象总结，白云化的真正机理并没有弄清楚。我们认为，潮上带与泻湖的区别之一是潮上带可以受到大气降水的影响，可以发生咸化海水与淡水混合，因此这里的白云岩是否有混合白云化的影响？尚不得而知。

渗透回流白云化没有找到现代实例，博内尔岛泻湖之下的灰质沉积物并没有被渗透回流的咸化海水白云化[9]。所以，这种白云化机理是否真的存在？

混合水白云化理论上可行，但没有现代实例，在现代碳酸盐海岸混合带中没有发现白云岩，而且实验室内也模拟不出来。所以，这种白云化机理是否真的存在？或许混合的比例不是理论计算的那样？

热液白云化、埋藏白云化、热水沉积等机理，理论上可行，因为温度超过60℃时就可在实验室内人工合成白云石。这说明高温条件下，只要有足够的富镁水是可以形成白云岩的，但这种水的来源和流动机理是关键。

目前只有微生物白云岩既有现代实例，又能在实验模拟出来，是一种令人信服的白云岩形成机理[13]。不过微生物是如何形成白云石的，仍不清楚。研究者解释说是因为微生物可以改变微环境，提高碱度、pH 值等等，但人工完全可以模拟这些条件，却沉淀不出白云石。

金振奎和冯增昭(1999)提出了一种不同于前人的白云化模式：玄武岩淋滤白云化，认为玄武岩高原区(现今残留厚度可达 3000～4000m，当初应更大)的大气降水顺大量柱状节理下渗，在此过程中淋滤玄武岩，形成富镁白云化水，在巨大水头作用下渗入下伏的中二叠统石灰岩，引起白云化[8]。这种机理解释了自昆明向东，随着玄武岩变薄、尖灭，中二叠统白云岩逐渐减少、直至尖灭的偶合现象，解决了大量富镁水的来源问题，以及高温问题(水渗流到几千米厚的玄武岩之下会因地热加温而变为高温)。但作者无直接证据(如锶和镁同位素)证明白云岩中的镁的确来自玄武岩，而且未解释四川盆地无玄武岩覆盖的地区仍有白云岩的现象。

总之，关于上扬子地区白云岩有下列关键问题尚未解决：

第一，白云岩的形成机理仍不清楚，尽管多位研究者做了研究。或许这里的白云岩的形成机理不属于以往提出的任何一种，而是独有。如果我们能提出一种新机理，将是重要理论创新。

第二，白云化水循环模式不清楚，即白云化水的来源、渗流方向、路径和驱动力等不清楚，以往的研究者从未深入考虑这个问题。但这个问题的解决不仅对预测白云岩分布至关重要，而且对追踪其他地区古成岩流体的循环路径和模式将有重要启示作用。如果我们能解决这个问题，将是重要理论创新。

第三，白云岩的区域分布形态(或区域白云化强度)不清楚，是以昆明(或其他某地)为中心向四周呈指状延伸还是大致呈同心圆状扩展？尚没有人从区域上研究过这个问题。这个问题的解决，对分析古白云化流体的区域流动方向和发源地有重要启示作用，对预测四川盆地内白云岩体的走向有重要指导作用。

第四，为什么有的白云岩呈层状，有的呈斑状？其产状受什么因素控制？尚无人研究这些问题。层状白云岩是最有利的储层。但目前不仅不知道层状白云岩在垂向和平面上是怎么分布的，甚至连每层白云岩的厚度和规模有多大都不清楚。在钻井中，只有在岩心上看到的厚度才是可信的，而根据岩屑录井解释的层状白云岩厚度并不可靠，因为岩屑通常是白云岩岩屑与石灰岩岩屑的混合物，很难确定白云岩岩屑是层状白云岩产生的还是白云石斑块产生的。解决这些问题，对白云岩储层预测和限定是非常有用的。

第五，对于斑状白云岩，为什么有的地区的白云石斑垂直层面拉长，有的平行层面拉长，有的则无定向性？白云石斑的形态与石灰岩原岩结构有什么关系？受什么因素控制？解决这些问题，可以揭示白云化流体渗流路径和控制因素,对预测白云岩分布有重要启示作用。

因此,这项研究不仅对指导四川盆地及上扬子其他地区的油气勘探有重要实际意义,而且有可能提出关于白云化机理和古成岩流体渗流机理的新观点,具有重要理论意义。

主要参考文献

[1]汪华,沈浩,黄东,等.2015.四川盆地中二叠统热水白云岩成因及其分布.地质勘探,34(9):25-32

[2]黄思静,兰叶芳,黄可可,吕杰.2014.四川盆地西部中二叠统栖霞组晶洞充填物特征与热液活动记录.岩石学报,30(3):687-698

[3]江青春,胡素云,汪泽成,等.四川盆地中二叠统中—粗晶白云岩成因.石油天然气与地质,2014,35(4):503-509

[4]舒晓辉,张军涛,李国蓉,等.2012.四川盆地北部栖霞组—茅口组热液白云岩特征与成因.石油与天然气地质,33(3):442-447

[5]何幼斌,冯增昭.1996.四川盆地及其周缘下二叠统细—粗晶白云岩成因探讨.石油天然气学报,18(4):15-20.

[6]李安华.1987.滇东二叠系阳新统白云岩的成因.天然气工业,7(4):6,36-38

[7]田景春,林小兵,张翔,等.2014.四川盆地中二叠统栖霞组滩相白云岩多重成因机理及叠加效应.岩石学报,30(3):679-686

[8]金振奎,冯增昭.1999.滇东—川西下二叠统白云岩的形成机理——玄武岩淋滤白云化.沉积学报,17(3):383-389.

[9]Hardie L A. 1987. Dolomitization;a critical view of some current views. Journal of Sedimentary Research,57(1):166-183

[10]Hsü K J, Siegenthaler C. Preliminary experiments on hydrodynamic movement induced by evaporation and their bearing on the dolomite problem. 1969. Sedimentology,12(1-2):11-25

[11]Adams J E, Rhodes M L. 1960. Dolomitization by seepage refluxion. AAPG Bulletin,44(12):1912-1920

[12]Alderman A R, Skinner H C W. 1957. Dolomite sedimentation in the south-east of South Australia. American Journal of Science,255(8):561-567

[13]Vasconcelos C, Mckenzie J A. 1997. Microbial mediation of modern dolomite precipitation and diagenesis under anoxic conditions(Lagoa Vermelha, Rio de Janeiro, Brazil). Journal of Sedimentary Research,67(3):378-390

2）项目的研究内容、研究目标，以及拟解决的关键科学问题（此部分为重点阐述内容）

（1）研究内容。

本次研究主要包括5个方面：白云岩类型及特征、白云岩分布规律、白云岩体精细刻画及定量参数、白云岩形成机理、白云岩发育控制因素。具体内容和相应的研究思路如下：

① 白云岩类型及地球化学特征研究。

这项研究的目不仅是要确定本区白云岩的类型及其各种特征，同时也为确定各类白云岩分布规律和形成机理奠定基础。本次将对不同地区有代表性的15～20条露头剖面的白云岩系统采样并做相关分析化验，根据野外露头观察、岩心观察、薄片观察、阴极发光、扫描电镜、能谱分析、X-射线衍射、流体包裹体、碳氧同位素、微量元素等，对研究区中二叠统白云岩进行广泛深入研究，确定白云岩的类型、各类白云岩的岩石学和地球化学特征，包括产状、晶粒大小和形态、阴极发光颜色、碳氧同位素、锶同位素、镁同位素、流体包裹体均一化温度和盐度、Fe、Mn等微量元素含量等。

已初步完成的研究表明，研究区的白云岩可根据产状分层状和斑状两大类。斑状白云岩又可初步划分为垂直斑状白云岩、平行斑状白云岩、网斑状白云岩。薄片观察发现，晶粒都较粗，为细、中晶白云岩。初步地球化学研究（阴极发光颜色、碳氧同位素、流体包裹体均一化温度、Fe、Mn、Na、Sr微量元素含量）表明，碳氧同位素和流体包裹体均一化温度区域上的变化有一定规律。

当然，以往研究的剖面和分析的样品数量很有限，白云岩类型或许更多，这么大的区域需观察更多露头剖面和分析更多样品，以保证资料取全，总结出来的规律可信，并争取发现新的现象和规律。

② 白云岩分布规律研究。

这项研究不仅为了将总结出来的白云岩分布规律用于指导油气勘探，而且是分析白云化机理和白云化水区域循环模式的重要基础。根据大量露头剖面实测和观察，结合四川盆地内的钻井资料，编制网格状剖面对比图，对剖面中的白云岩进行对比（中二叠统顶、底界为区域不整合面，特征明显，无论露头区还是盆地内都很容易识别，而且还有前人的古生物地层工作，这都保证了大区域内对比的等时性；西部个别剖面出了上扬子区，是为了了解扬子地台之外的白云化情况）。在此基础上，根据白云岩类型和厚度统计资料，编制全区中二叠统白云岩厚度和含量等值线图、层状白云岩厚度和含量等值线图、斑状白云岩厚度和含量等值线图。

根据剖面对比图和各类等值线图，确定区域上不同类型白云岩平面分布规律、白云化层位垂向上变化规律、白云化强度变化趋势，看看平面上是否以峨眉山玄武岩最厚的地区为中心向周围有规律地变化，看看这种变化趋势是指状突进还是较均匀的同心圆状。我们初步的研究表明，昆明地区中二叠统几乎全部白云化，白云化程度高，层状白云岩发育在栖霞组下部，其他层位为斑状白云岩。由此向东，白云化强度变弱，至黔西基本消失。但在整个上扬子区白云岩分布是怎么变化的，尚不清楚。

总之，这些图不仅对四川盆地及其他地区白云岩储层预测有重要参考价值，尤其是能为分析白云化机理和白云化流体的流动特征提供重要依据。目前尚无人编制这么大区域的这类图件。

③ 白云岩体精细刻画及定量参数研究。

在上述工作的基础上，选择一个白云岩发育典型的地区进行精细解剖，其面积要足够大，能够看到白云岩体变化；地层出露要连续，露头剖面要较密集。在此解剖区内，针对白云岩实测多条剖面，并通过横向对比、追踪，精细刻画白云岩体的形态，包括平面形态和剖面形态，统计相关定量参数(厚度、宽度、面积、宽 / 厚比、面积 / 厚度比等)。

各类白云岩体的形态和定量参数对盆地内白云岩储层预测有重要参考价值，对分析白云化机理和白云化流体的流动特征也有重要启示作用。

④ 白云岩形成机理研究。

关于白云岩形成机理，将主要开展如下研究：

a. 白云化流体的温度和盐度及其变化规律研究。根据大量白云石流体包裹体分析，结合碳氧同位素和微量元素分析，确定白云化流体的温度和盐度，分析温度、盐度、碳氧同位素和微量元素在整个地区的变化趋势和规律。我们初步的研究发现远离昆明地区，均一化温度有降低的趋势，但这需更多、更细致的工作。还要比较不同类型白云岩的形成温度和盐度，尽管我们的初步研究表明不同类型的白云岩来自同一白云化流体，只不过白云化程度有差异，但同样需更多、更细致的工作。

b. 白云化时间研究。本次将根据白云石与缝合线、裂缝的相互切割关系，根据白云化是否有选择性(如果是选择性白云化，通常表明是在石灰岩完全胶结致密前的浅埋藏期发生的)，根据白云石锶同位素组成，根据前人对白云岩储层中油气充注时期的分析等，分析白云化发生的大致时间段。白云化时间能为白云化机理分析提供启示。

c. 白云岩与峨眉山玄武岩的关系研究。我们 1999 年的论文曾提出滇东地区的白云岩与玄武岩有关，白云化水来自淋滤玄武岩的大气降水，镁离子来自玄武岩。由于当时的研究区域小，资料较少，这个结论含较多猜测成分。本次将根据更多、更详细的资料，编制玄武岩的等厚图，看看玄武岩厚度与白云岩厚度和白云化强度之间有无密切关联。同时，分析白云岩、玄武岩、从玄武岩缝隙里流出的地下水的锶和镁同位素组成，看看三者之间有无关联，并与发生白云化的石灰岩的锶和镁同位素组成比较。

d. 白云化流体的循环模式研究。根据前面白云岩区域分布规律、白云岩体精细刻画、白云岩的岩石学和地球化学特征等，分析白云化流体的循环模式，即从哪里来，到哪里去，渗流路径和驱动力是什么。初步研究表明，研究区内白云岩分布和白云化强度变化是有趋势、有规律的；全区的白云岩特征相似，很可能是由相同的白云化流体形成的。这样，白云化强度最高、白云岩最发育的地区应是白云化流体的来源区，随着白云化流体向外围渗流扩散，其流量变小，白云化能力减弱，白云化强度会降低，因此白云岩由多到少、白云化强度由强到弱的趋势方向就是白云化流体的渗流流向。在同一剖面上，为什么有的石灰岩白云化，有的未白云化；有的白云化强，有的白云化弱？通过对比分析白云化程度不同的石灰岩类型、沉积相类型等特征，确定哪些石灰岩易成为渗流通道；通过分析裂缝和断层与白云化强度的关系，看看裂缝和断层是否为重要渗流通道。

e. 白云岩形成机理研究。根据上述研究，结合区域地质背景，通过综合分析，提出白云岩形成机理，建立白云化模式（即白云化水循环模式）。

⑤ 层状白云岩和斑状白云岩形成机理及形态控制因素。在本区，有层状白云岩和斑状白云岩，而且斑状白云岩的斑块有三类：垂向拉长的、顺层拉长的、无明显定向性的。为什么有的石灰岩完全白云化形成层状白云岩，而有的石灰岩仅部分白云化形成斑状白云岩？是什么因素控制着这白云石斑块的形态？我们初步猜想，层状白云岩应是白云化水集中、流量大的结果，其下方可能有页岩或致密石灰岩隔水层，这需要详细研究白云岩上、下的石灰岩的类型及特征。斑状白云岩都是厚层状或块状，白云石斑的形态可能与原岩组构和渗流路径有关。顺层拉长的斑块可能发育在以机械沉积为主、生物扰动不强烈的厚层或块状石灰岩中；无明显定向性的斑块可能发育在生物扰动强烈、结构较均匀的厚层或块状石灰岩中；垂向拉长的斑块可能与粗大的垂直虫孔有关，但也可能与高压渗流有关，因为在野外看到层面附近白云化强些，而向层内白云化变弱，好像白云化流体沿层面流动的同时，在高压下向上、下的石灰岩层内部垂直挤入。总之，研究这些现象需要仔细的野外观察，弄清不同类型斑块石灰岩的类型及特

征，在此基础上再深入分析。

⑥ 白云岩发育控制因素分析。

为什么不同地区、不同层位白云岩类型、厚度、白云化程度不同？白云岩分布受哪些因素控制？本次将采用“对比研究法”和“关联研究法”，对可能的控制因素进行逐一对比分析和关联分析，找出控制因素。

a. 白云化与石灰岩类型和沉积相之间的关系。通过对比分析白云化的石灰岩和未白云化的石灰岩在岩石类型和沉积相等方面的差异，看看白云化有无选择性，石灰岩类型和沉积相对白云岩分布有无控制作用，如有，则可据沉积相在盆地内预测白云岩分布。对于斑状白云岩，可直接根据残留的石灰岩斑块确定石灰岩的类型和沉积相。对于完全白云化的层状白云岩，可根据镜下观察和阴极发光观察等手段，观察残余结构，恢复原岩；或根据横向与白云岩直接接触的、未被白云化的石灰岩层确定白云岩的原岩。初步研究表明，白云化具有选择性，滩相亮晶颗粒石灰岩是白云化水重要渗流通道，优先白云化，但这个认识需更多薄片分析来证实。

b. 白云化与玄武岩厚度之间的关系。通过分析白云岩厚度与玄武岩厚度之间的关联，看看两者之间有无定量关系，如有，说明玄武岩对其分布有控制作用。需要指出，现今没有玄武岩的地方，不等于当时没有，也可能玄武岩被风化掉了。如果本区中、上二叠统之间存在较厚的红色铁铝质风化壳，说明玄武岩曾存在过。初步研究表明，白云岩厚度与玄武岩厚度之间存在密切关系，但尚未确定两者之间的定量关系，需进一步研究。

c. 白云化与龙潭组页岩之间的关系。我们初步设想，白云化水可能来自玄武岩淋滤，并在数千米的巨大水头压力驱动下沿中二叠统碳酸盐岩疏导层向外围渗流。中二叠统底部普遍存在的梁山组页岩可以作为隔水层，防止白云化水向下泄漏；无玄武岩覆盖区（或玄武岩较薄区），中二叠统之上的龙潭组（或宣威组）页岩可以作为隔水层，防止白云化水向上泄漏。这样白云化水在两个隔水层的夹持下，只能沿中二叠统集中并流向远方，可使无玄武岩覆盖区的中二叠统发生白云化。当龙潭组相变为吴家坪组碳酸盐岩时，隔水层消失，白云化水可能向上散失，中二叠统白云化随之消失。为了证实这个观点是否正确，需要弄清白云岩分布是否受龙潭组分布的影响。

d. 白云化与裂缝和断裂之间的关系。通过在野外仔细观察白云岩分布和白云化强度与裂缝和断裂之间有无关联，尤其从白云岩厚度和含量等值线图上看看白云岩分布是否受断裂控制，从而确定裂缝和断裂对白云岩分布和白云化强度的控制作用。

（2）拟解决的关键科学问题。

本次拟解决的关键科学问题是上扬子地区中二叠统白云岩的分布规律、白云化水循环模式和白云化机理。

（3）拟采取的研究方案及可行性分析。（包括研究方法、技术路线、实验手段、关键技术等说明）

①研究方法。

本次将以露头研究为基础，采用露头剖面实测和观察、岩心观察、测录井剖面分析和实验室分析化验等方法，整体与局部结合，宏观与微观结合，由地上到地下，由已知到未知，对白云岩的类型、特征、分布规律、形态特征和形成机理开展深入研究。

②技术路线。

本次研究的思路、步骤如下：

第一步：以 1∶20 万区测报告、各省区域地质志和已发表的文章为基础，收集尽可能多的露头剖面实测资料；收集尽可能多的钻井和地震资料。已初步遴选出 89 条野外露头剖面，以供从其中挑选实测和观察的剖面（表 1）。本次计划 4 年实测 20 条左右，观察 30 条左右。在研究过程中，会根据实际情况对实测和观察的剖面进行调整，增加或减少，以保证能达到预期效果为目的。四川盆地内已经收集到钻穿二叠系的钻井资料 50 余口，并初步拟定了 8 条钻井—钻井对比剖面和露头—钻井对比剖面。

表 1　上扬子地区二叠系露头剖面名称

剖面号	剖面名称	剖面号	剖面名称	剖面号	剖面名称	剖面号	剖面名称
1	云南兰坪县拉竹河	24	云南丘北鲁底	46	贵州黎平屯洞	69	四川宝兴城北
2	云南腾冲间麻	25	云南文山磺厂—焦煤厂	47	贵州紫云猴场	70	四川武胜龙女寺
3	云南宝山县金鸡卧牛寺	26	云南麻泉坡铁厂	48	重庆巫溪大宁厂	71	四川九龙湾坝
4	云南施甸县丁家寨	27	云南西畴法斗	49	重庆黔江濯河坝	72	四川平武、汶川、康定、道孚、炉霍一带
5	云南潞西县	28	贵州遵义板桥	50	重庆华蓥山	73	四川天全思经
6	云南永德鱼塘寨	29	贵州遵义团溪—十字铺	51	重庆彭水石足	74	四川汉源西溪杨昌坪

续表

剖面号	剖面名称	剖面号	剖面名称	剖面号	剖面名称	剖面号	剖面名称
7	云南普洱德化	30	贵州遵义高桥	52	四川盐源树河乡牛厂甘沟	75	四川乐山沙湾
8	云南墨江米的	31	贵州瓮安城	53	四川南坪地区	76	四川威远
9	云南咸信庙坝	32	贵州天柱拱平	54	四川松潘县红星乡阿翁沟	77	四川稻城东义班英牛场
10	云南镇雄牛场石福寺	33	贵州福泉白泥田	55	四川松潘淘金沟	78	四川沐川三道河
11	云南会遒车汛	34	贵州织金绮阳熊家场	56	四川松潘双河西沟芝麻坪	79	四川泸州阳离寺
12	云南禄劝甸尾街	35	贵州威宁金钟	57	四川江油马角坝	80	四川珙县芙蓉山
13	云南沾益黄元	36	贵州水城南开	58	四川广元须家河	81	四川古蔺三道水
14	云南罗平法本	37	贵州织金岩背后	59	四川广元上寺猫儿塘	82	四川木里查尔娃梁子
15	云南晋宁王家湾	38	贵州织金新麦	60	四川广元上江沟	83	四川木里西秋
16	云南玉溪小石桥	39	贵州贵定闻江寺	61	四川旺苍双河	84	四川昭觉库依
17	云南师宗鸭子塘	40	贵州剑河南明	62	四川南江赶场	85	四川雷波中山坪—美姑柳洪
18	云南丘北洗马塘	40	贵州紫云板当	63	四川绵竹汉旺高桥	86	四川普格西罗
19	云南石屏牛街	41	贵州盘县雨洒箐	64	四川金川理县	87	四川盐源小高山
20	云南建水大寨	42	贵州盘县水塘	65	四川巴塘县东南冉浪	88	四川盐源平川庄子尚
21	云南开远中和营	43	贵州平塘甘寨	66	四川巴塘县中咱牛场赤丹潭	89	四川盐源县城以南白林山
22	云南蒙自砂坝	44	贵州从江贯洞	67	四川巴塘县中咱区巴乡岭顶		
23	云南蒙自老寨	45	贵州紫云克凹	68	四川宝兴硗碛		

第二步：区域踏勘、观察，确定要实测的剖面和要解剖的地区。根据收集的剖面资料等，筛选出中二叠统有白云岩的剖面，拟定区域观察大剖面位置和观察路线。初步计划以昆明—西昌为中心（玄武岩喷发中心部位），向南（至蒙自、文山一带）、向东（昆明至兴义、都匀）、向东北（至六盘水、遵义一带；西昌至宜宾、涪陵一带）进行观察。四川盆地西缘和北缘的剖面已经实测或观察。

第三步：实测露头剖面，系统采样并进行分析化验。

第四步：解剖典型地区，系统采样并分析化验。

第五步：根据露头和钻井资料编制各种图件。

第六步：综合分析白云岩的类型、特征、分布规律、形态特征、形成机理。

具体研究路线图见图1。

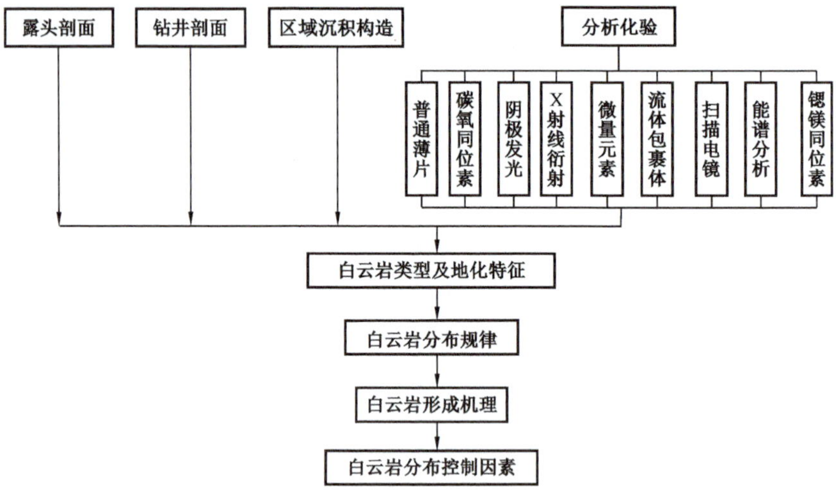

图1　白云岩研究技术路线图

③ 实验手段。

本次采用的实验手段包括10种：薄片分析、扫描电镜分析、阴极发光分析、流体包裹体分析、碳氧同位素分析、锶同位素分析、镁同位素分析、微量元素分析、X射线衍射分析、能谱分析。

薄片分析：用来确定白云岩镜下结构特征，鉴定石灰岩类型。

扫描电镜分析：观察白云岩的微观形态特征。

阴极发光分析：用来确定白云岩发光特征，用于白云岩分类。

流体包裹体分析：用来分析白云化水的温度和盐度及其区域变化趋势。

碳氧同位素分析：用来确定白云石的碳氧同位素数值及其区域变化趋势，

帮助分析白云化水的温度和盐度。

锶同位素分析：用来确定白云石的锶同位素数值及其区域变化趋势，追踪白云化流体来源。

镁同位素分析：用来确定白云石的锶同位素数值及其区域变化趋势，追踪白云化流体来源。

微量元素分析：用来分析白云石中微量元素的类型和丰度及其区域变化趋势，帮助分析白云化水的盐度。

X-射线衍射分析：用来鉴定矿物，分析白云石的有序度。

能谱分析：帮助分析白云石晶体不同部分一些元素（Fe、Mn等）含量的变化。

④ 关键技术。

本次研究的关键技术是白云化流体追踪技术，包括锶同位素分析、镁同位素分析、流体包裹体分析。

⑤ 可行性分析。

资料可行性：该区中二叠统白云岩露头广布，剖面很多，无论实测还是观察都没有问题。四川盆地周边有较多露头，盆地内有一些钻井，因此确定盆地内白云岩的层位和平面分布是可行的，当然等值线的走向需以露头区总结出来的规律、白云化机理、白云化水流动样式为指导。至于各种分析化验，都用采样器钻取新鲜样品，确保数据准确。

理论研究可行性：根据露头剖面和岩心观察、薄片、各种分析化验确定白云岩的类型及特征是没问题的；根据实测和观察的露头剖面和钻井剖面，可以编制不同类型白云岩平面和垂向分布规律，当然，在钻井剖面上确定是层状还是斑状白云岩会有些困难，但本次以露头研究为主；选择典型区解剖白云岩体形态，统计定量参数也没有问题；至于白云化机理，通过各种分析化验，尤其是白云岩分布规律及其控制因素分析，应无问题；最关键的是确定白云化水与玄武岩之间有无关联，通过锶、镁同位素溯源，通过分析玄武岩厚度与白云化强度之间的关系，应该可以解决这个问题。此外，我们在这个地区有雄厚的研究基础，在进行《滇黔桂二叠纪岩相古地理》（金振奎的博士论文）、《中国南方二叠纪岩相古地理》研究时，跑过很多剖面；我们还与A公司和B公司合作进行四川盆地内白云岩储层的研究，获得了很多钻井资料。

总之，无论从资料、研究方法、研究方案、研究基础看，这个项目都是可行的。

（4）本项目的特色与创新之处。

① 本项目的特色：

a. 整体研究与局部解剖密切结合。“整体研究”是指把上扬子整个白云岩发育区作为研究对象，能达到“鸟瞰全貌”的奇效，能更清楚、更准确地看出白云岩分布规律，为弄清其形成机理和控制因素奠定基础。以往的研究仅局限于四川盆地或个别地区，难以准确把握白云岩分布规律，易得出片面认识。“局部解剖”以“看得见、摸得着”的露头研究为基础，使研究精细、深入，可以确定白云岩的形态特征、细微的白云化特征，为分析白云化流体流动路径提供重要信息。

b. 通过大量地球化学分析，确定白云岩地球化学特征区域变化规律，为分析白云化流体的来源、流动特征和白云化机理提供丰富信息。

② 本项目的主要创新之处：

a. 提出新的白云化机理。本次研究有可能提出一种全新的白云化机理，因为以往的机理都不能很好地解释本区的白云化现象。

b. 建立白云化水循环模式。根据白云岩区域分布规律和地球化学特征区域变化规律等，尤其是利用锶、镁同位素示踪，确定白云化水来源、渗流方向、路径和驱动力，是一个创新，这对研究古成岩流体的循环样式将有重要启示作用。

c. 确定白云岩分布规律。通过广泛研究，确定整个上扬子区白云岩纵向和平面分布规律，尤其是层状白云岩的分布规律，对这个地区来说是首次。这种成果不仅是白云岩形成机理和白云化水区域流动分析的基础，而且对指导盆地内白云岩储层分布预测具有重要意义。

d. 确定白云岩分布控制因素。本次将对白云岩分布控制因素提出不同于以往的观点，断裂可能不是控制白云岩分布的因素。

3）年度研究计划及预期研究结果（包括拟组织的重要学术交流活动、国际合作与交流计划等）。

2019.1—4：编写申请书，收集更多钻井资料、地震资料。

2019.5—12：实测8～10条剖面，观察10～20条剖面；对采的样品进行实验室分析化验与整理，编柱状图。

2020.1—4：撰写论文1～2篇。

2020.5—12：实测8～10条剖面，观察10～20条剖面；对采的样品进行实验室分析化验与整理，编柱状图。

2021.1—4：撰写论文1～2篇。

2021.5—12：对典型区进行解剖，实测和观察剖面若干条，并采样分析化验。

2022.1—12：全面总结，编图，补充剖面点和样品，撰写论文1～2篇。

2. 研究基础与工作条件

1）研究基础（与本项目相关的研究工作积累和已取得的研究工作成绩）

本人本科学石油地质，硕士和博士都是沉积，博士后为大地构造，1994 年起在中国石油大学（北京）从事碳酸盐岩和碎屑岩沉积和成岩作用领域的研究，国家外文精品课《Principles of Sedimentology》主讲教师。在扬子地区曾做过较多沉积方面的研究工作，曾实测和观察多条二叠系剖面，有基础。1992 年，完成了博士论文《滇黔桂二叠纪岩相古地理》（导师冯增昭教授），并出版了专著；之后又跟随冯先生进一步工作，完成了《中国南方二叠纪岩相古地理》《中国南方寒武纪—奥陶纪岩相古地理》《中国南方石炭纪岩相古地理》《中国南方三叠纪岩相古地理》等专著。近年来，因与 ×× 公司合作开展四川盆地二叠系白云岩储层预测工作，实测和观察了四川盆地西缘、北缘的二叠系剖面 12 条。

本人对白云岩的研究有基础，并先后提出了两种白云化机理：玄武岩淡水淋滤白云化、深水回流准同生白云化（解释塔东深水盆地中的泥粉晶白云岩）；对华北下古生界的白云岩也进行过研究。

碳酸盐岩方面的有关论文：

（1）金振奎，R. J. Spencer. 1993. 加拿大阿尔伯达省西部上泥盆统凯恩组白云岩的成因［J］. 地质论评，39（06）：529–534.

（2）金振奎，冯增昭 . 1999. 滇东—川西下二叠统白云岩的形成机理——玄武岩淋滤白云化［J］. 沉积学报，17（03）：383–389.

（3）金振奎，冯增昭 . 1993. 华北地台东部下古生界白云岩的类型及储集性［J］. 沉积学报，11（02）：11–18.

（4）金振奎，冯增昭 . 1994. 云贵地区二叠系瘤石灰岩的成因［J］. 岩石矿物学杂志，13（02）：133–137.

（5）金振奎，石良，高白水，余宽宏 . 2013. 碳酸盐岩沉积相及相模式［J］. 沉积学报，31（06）：965–979.

（6）金振奎，杨有星，余宽宏，王哲，董晨晨 . 2012. 塔里木盆地东部地区寒武系白云岩成因类型［J］. 古地理学报，14（06）：747–756.

（7）金振奎，余宽宏 . 2011. 白云岩储集层埋藏溶蚀作用特征及意义——以塔里木盆地东部下古生界为例［J］. 石油勘探与开发，38（04）：428–434.

（8）李倩文，金振奎，姜福杰 . 2014. 白云岩成因碳氧同位素分析方法初探——以北京燕山地区元古界白云岩为例［J］. 岩性油气藏，26（04）：117–122.

(9)余宽宏,金振奎 . 2010. 塔里木盆地东部地区寒武系—奥陶系白云岩特征及成因[J]. 沉积与特提斯地质,30(02):32–38.

(10)余宽宏,金振奎,苏奎,张伟,董晓东,吕玉珍,杜宏宇,张卫丹,陈英 . 2014. 中上扬子地台中寒武世古地理及白云岩成因[J]. 沉积学报,32(02):244–252.

(11)张永生,金振奎,谭健 . 1999. 鄂尔多斯地区奥陶系马四组麦粒状白云石的发现及其成因探讨[J]. 岩石矿物学杂志,18(01):20–27.

(12)Feng Zengzhao, Jin Zhenkui. 1994.Types and origin of dolostones in the Lower Paleozoic of the North China Platform. Sedimentary Geology,94(3–4):279–290

(13)Feng Zengzhao, Zhang Yongsheng, Jin Zhenkui. 1998. Types, origin and reservoir characteristics of dolostones of the Majiagou Group of the Ordovician, Ordos, North China Platform. Sedimentary Geology,118(1–4),127–140.

(14)冯增昭,杨玉卿,金振奎,何幼斌,吴胜和,辛文杰,鲍志东,谭健 . 1996. 中国南方二叠纪岩相古地理[J]. 沉积学报,14(2):1–11.

专著:

(1)Ian J Fairchild, Feng Zengzhao, Jin Zhenkui, A.K, Satterley, Enzo Insalaco. Carbonate Platform Sediments. Elsivier, Holland,1998(SCI 收录)

(2)冯增昭,金振奎等著,1994,滇黔桂地区二叠纪岩相古地理,地质出版社

(3)冯增昭,彭勇民,金振奎等著,2001,中国南方寒武纪—奥陶纪岩相古地理,地质出版社

(4)冯增昭,杨玉卿,金振奎著,1997,中国南方二叠纪岩相古地理,石油大学出版社

(5)冯增昭,杨玉卿,鲍志东,金振奎著,1998,中国南方石炭纪岩相古地理,地质出版社

获奖:

冯增昭、鲍志东、金振奎 . 2004.《中国寒武纪和奥陶纪岩相古地理研究及编图》获教育部科技进步二等奖

2)工作条件(包括已具备的实验条件,尚缺少的实验条件和拟解决的途径,包括利用国家实验室、国家重点实验室和部门重点实验室等研究基地的计划与落实情况);

依托我校油气资源探测国家重点实验室,仪器设备齐全,包括双目光学显

微镜、阴极发光显微镜、扫描电镜、X-射线衍射仪、流体包裹体分析冷热台显微镜、质谱仪等。

3）正在承担的与本项目相关的科研项目情况（申请人和项目组主要参与者正在承担的与本项目相关的科研项目情况，包括国家自然科学基金的项目和国家其他科技计划项目，要注明项目的名称和编号、经费来源、起止年月、与本项目的关系及负责的内容等）。

××公司课题：双鱼石构造二叠系白云岩优质储层预测，2016—2018.能够获得盆地内的钻井、地震资料.

3.经费预算

总费用：127.98万元。

经费预算说明如下：

（1）设备费：0。

①设备购置费：0。

②设备试制费：0。

③设备改造与租赁费：0。

（2）材料费：0。

（3）测试化验加工费：共55.00万元。

①薄片分析（用来确定白云岩镜下结构特征，鉴定石灰岩类型）：1000块×30元/块=3万元。

②阴极发光分析（用来确定白云岩发光特征，对其归类、溯源）：100块×100元/块=1万元。

③X-射线衍射分析（用来确定白云石有序度）：100块×500元/块=5万元。

④碳氧同位素分析（用来确定白云石的碳氧同位素数值，帮助分析白云化水的盐度甚至温度，并帮助白云岩归类、溯源）：200块×400元/块=8万元。

⑤流体包裹体分析（用来分析白云化水的温度和盐度，帮助白云岩归类、溯源）：200块×300元/块=6万元。

⑥微量元素分析（用来分析微量元素的类型和丰度，帮助白云岩归类、溯源）：200块×300元/块=6万元。

⑦扫描电镜分析（用来观察白云石的微观形态）：200块×300元/块=6万元。

⑧能谱分析（帮助分析白云石晶体不同部分一些元素含量的变化）：50块×400元/块=2万元。

⑨锶同位素分析（追溯白云化水来源）：100块×800元/块=8万元。

⑩ 镁同位素分析(追溯白云化水来源):100 块 ×1000 元/块 =10 万元。

(4)燃料动力费:0。

(5)差旅/会议/国际合作与交流费:62.00 万元。

出差目的是野外剖面实测、考察。本次拟实测 20 条剖面,每条平均 7 天,供 140 天;考察 20 条剖面,每条平均 3 天,共 60 天。因此,野外工作共 200 天。每条剖面需 4 人。每年去野外一次。

食宿费:200 天 ×200 元/天·人 ×4 人 =16 万元

野外租车费:200 天 ×1000 元/辆·天 ×1 辆 =20 万元(注:租车含汽油费、司机食宿)

车票:8 人 ×1500 元/人次 ×4 次 =4.8 万元

会议费:2 人 ×4000 元/人次 ×4 次 =3.2 万元

(6)出版/文献/信息传播/知识产权事务费:3.6 万元。

论文版面费:4 篇 ×9000 元/篇 =3.6 万元

(7)劳务费:25.08 万元。

博士生补助:4 人 ×800 元/月·人 ×11 月 ×4 年 =14.08 万元

硕士生补助:5 人 ×500 元/月·人 ×11 月 ×4 年 =11 万元

(8)专家咨询费:0。

(9)其他支出:0。

第六章　口头汇报和评审意见编写

一、口头汇报要点

口头汇报，即通常说的“汇报”，是每个走上工作岗位的大学生、研究生以及科研、生产和行政单位上的工作人员常遇到的事情。

汇报有多种，包括会议报告、课题汇报、论文答辩、工作汇报、讲课等，但都大同小异，本质是相同的。

汇报好坏，对一个人的发展非常重要。如果你的汇报给上级领导留下深刻、良好的印象，则对以后的工作具有重要影响。

怎么判断汇报是好还是差呢？只有一个标准，能否吸引人，或者说听者是否满意。让听者满意的汇报都是好汇报，让听者不满意的汇报都是差汇报。当然，还有满意程度的差别、不满意程度的差别。

汇报时，要重点突出、条理清楚、语言精练、声音洪亮、多媒体美观漂亮。

具体说来，要汇报好，一般需做好 5 个方面：讲话好、台风好、多媒体好、试讲好、预测好。

1. 讲话要好

讲话好的 9 个标准：声音洪亮、口齿清楚、阴阳顿挫、语言精炼、语速适中、重点突出、条理清楚、深入浅出、自问自答。

讲话时一定要声音洪亮，要有底气，有气势。如果声音小，会显得不自信。声音要多洪亮？要保证最后一排能听清楚。当然，如果只有几个人听，声音就不一定那么大。

口齿要清楚，每个字的发音要准确，尽可能用普通话。

讲话一定要阴阳顿挫，忽高忽低。如果一直用一个声调，很容易让人犯困，会让人听起来索然无味。讲话与高速路上开车一样。为什么高速路要有弯？因为如果连续几十甚至几百千米都是直的，司机很容易犯困。此外，声音如果有磁性，好听，那是最好的，是所有作报告、讲课的人追求的。当然这有先天成分，但后期练习能改进不少。

语言要精炼，不能啰嗦，不能反复重复汇报内容，“好话不讲两遍”。当然，关键话适当强调、重复一下也是可以的。

语速要适中，尤其不能过快，不能像机关枪那样急促，生怕讲不完，拼命抢时间。如果时间有限，可精简讲话内容，也不要语速过快。一般说来，语速为每分钟 150～160 字为宜。

重点要突出，围绕着一个主题，即讲话的标题。不能东扯西扯，不能跑题。当然，为了调节气氛，适当讲个小故事，短时间岔下话题也是可以的。

条理要清楚，讲话要尽可能有次级标题。

要深入浅出，尤其讲抽象的内容时，不妨举浅显易懂的例子来说明道理和问题，尽可能做到复杂问题简单化，抽象问题形象化。“让外行人都能听懂”是汇报的最高境界。

要时不常地自问自答。提问，会引起听众的兴趣，平铺直叙则容易让听众的注意力开小差。可自问自答，也可让听众回答。当然提问不能过于频繁，每 10～15 分钟就提问一下即可。当听众刚要走神、刚要进入疲倦状态时，提问一下，会立刻让听众又提起精神。例如，这个事情是怎么发生的呢？为什么会这样呢？等等。

人们都爱听故事。如果汇报像讲故事一样，像说评书一样，让听众听入迷，牢牢抓住听众的注意力，那么汇报一定是成功的，一定是高水平的。

怎样才能练好声音、练好语速、练好阴阳顿挫呢？——朗读。朗读是锻炼演讲能力非常好、非常有效的方法。可经常早起，到环境优美、安静的环境，大声朗读。

2. 台风要好

所谓“台风”，指台上演讲者的言谈举止。在台上汇报、演讲时，要做到如下几点：

(1)神态从容，举止大方。

一上讲台，就要给人一种从容、大方、有威严、有气势的印象，不能鬼鬼祟祟、小心翼翼、战战兢兢，不能给人小家子气的感觉。

很多人一上台就紧张，声音发颤，前言不搭后语，或额头冒汗，尤其当听众多时。紧张是心理素质较差的表现。如何克服紧张呢？

首先要对汇报内容非常熟悉，最好能背下来。如果是用多媒体汇报，即使突然断电，也能不靠多媒体讲下去。最起码要做到，看到一张片子时，知道下一张是什么内容。熟练汇报内容，是克服紧张的基本条件之一。

其次，一站上台，就认为自己是最强的，对所讲内容是最熟悉的，台下所有人都不如你，无论他们是专家还是领导，要把听众当“傻子”。一站上台，就要有“死猪不怕开水烫”的心理，脸皮就是要厚，爱咋地咋地。放松了，一切都放下了，就会超常发挥。反之，一紧张，效果肯定差，就像参加高考一样。很多人认为，表现紧张，会让听众原谅自己讲得不好。这是大错特错，越紧张，越让听众从心里瞧不起，越会被蔑视，因为这是心理素质很差的表现。

很多人，如果汇报过程中被打断，被质疑，被指点或被催促，立刻会乱了方寸。这也是心理素质差的表现。无论遇到什么突发情况，都要镇定，都要从容不迫地按自己的思路讲完。

如果汇报超时了，被要求快点，可适当删减内容，拣重要的讲，尽快讲完，但也不能显得仓促，乱了条理。

（2）目光不能飘忽不定。

讲的过程中，目光要稳定，盯着听众，要有目光交流，尤其要注视给你点赞的人，他可以给你些自信。目光交流，就是要盯着台下某个看你的听众，与他目光碰撞。当然不要总盯着一个人，盯一会儿就可以换个人。切忌目光飘忽不定，不能一会儿看天，一会儿看地，一会儿看别处，那会给人不自信的感觉。

一定要面朝听众。有些人做报告时，一直面朝屏幕，背朝听众，这是不礼貌的。当然，可以看一眼多媒体，再看一眼听众，不能大部分时间都盯着多媒体。只有用激光笔指着屏幕要听众看某项内容时，才可以盯着屏幕。一旦不指了，目光就要回到听众身上。也不能低着头讲，像自言自语。

（3）要常用肢体语言。

汇报就是演讲，不但要“讲”，还要“演”。“演”就是指肢体语言和面部表情。切忌照着多媒体或稿子念，这样的效果是不好的。

讲的过程中，时而插入手势或其他肢体语言，效果会更好，当然肢体语言要与讲话内容匹配。如果条件允许，可以在台上走动几步，可以间或到台下与听众互动。

面部表情也要丰富些，最好面带微笑，亲切和蔼，切忌表情呆滞，像雕塑一样。当然，如果是严肃或悲伤的场合，表情要凝重。总之，表情要与汇报内容相匹配。

当用激光笔或教鞭指屏幕上的图时，让听众看哪点指哪点，要稳定，不能颤抖，不能像在屏幕上画圈一样。

3. 多媒体要做好

现在汇报常用多媒体。多媒体不但要内容好，形式也要好。如何做好多媒体呢？

（1）要有整个报告的总提纲，这样好让听众知道要讲哪些内容。每当讲完一部分，要讲下一部分前，最好再放映一次总提纲，并标注出下面要讲的标题，这样好让听众知道已经讲了哪些内容，还剩哪些内容，尤其每部分篇幅较长时。

（2）屏幕上字要少。很多人演讲时，把要说的话几乎全部写到多媒体片子上，以防忘记。这么做的效果是很差的，因为听众一看到屏幕上密密麻麻挤满了字就会头晕。屏幕上的字要少，最好让听众看一眼就知道，最好在 3 秒内能看完。应该只写关键词、关键句，起提示的作用，像“因此”“所以”等无关紧要的词语尽可能不要出现在屏幕上。几个关键词、关键句就能反映整个片子的基本内容。

（3）屏幕上字要大。一般说来，多媒体屏幕上所有的字不能小于 16 号。字号该多大合适？要保证最后一排的人能看清楚。尤其图名、表名、图和表中的字，要让听众看清。凡是看不清的图和表，宁可不放，因为这样的图和表只会起负效应，让观众不爽。此外，字要加粗，或用黑体。字不加粗，清晰度会降低。

（4）字的颜色与背景色之间的反差要大。反差越大，越清楚，当然不能刺眼。多媒体片子的背景为白色最好，因为多种颜色(红、蓝、黑、紫等）的字都清楚。切忌蓝背景上写红字，这两种颜色的反差很小，会看不清，很多人犯这种低级错误。白色背景上最好不用黑色，因为黑白色都看腻了，最好用彩色。

（5）多媒体要不言自明。每张多媒体片子上的图、表要有注释，即使不讲，观众自己也能基本看明白。当然，如果为了保密，防止别人拷贝使用，可以不加注释，让观众听讲才能看明白。

（6）多媒体片子可动画展示，以增加动感，吸引注意力。有些情况下，如果有背景音乐，效果更佳。

（7）图表来源要注明出处。多媒体展示的图、照片、表等未注明出处的，均会认为是报告人的。如果引用别人的图、照片或表，则需注明出处，尤其公开会议场所，否则涉嫌抄袭，属于学术作风不严谨。

4. 要试讲好

能否讲好，最关键的是对讲的内容是否熟悉。很多人怕麻烦，做好多媒体后，练都不练就上场，这样一般是讲不好的。

“台上十分钟，台下十年功”。要讲好，必须要试讲至少2～3遍，做到对内容非常熟悉，胸有成竹，最起码讲到一张幻灯片时，知道下一张是什么内容。

通过试讲，可以准确掌握时间，要求 15 分钟，就不讲 16 分钟。一般说来，实际用时与要求用时之间的误差不超过 10%，而且宁可少讲 10% 的时间，也不能超时。

通过试讲，可以知道什么地方该加肢体语言，或者幽默一下，锤炼汇报效果。

汇报时，一般不要进入细节，即不要把所有证据都讲出来，不要把所有现象都讲透，一是因为时间有限，二是要给提问留有余地。只拣重要的、关键的、结论性质的内容讲。听众如果对某点感兴趣，他提问时，你再详细解答。

对于汇报，关键是思想上要重视，其实每次汇报都是露脸的机会。讲得好，给别人好印象；讲得差，给别人差印象。汇报既能成事，也能败事。通过汇报，可以看出一个人做事是否认真，可以反映其本质问题。

5. 预测问题

很多汇报人最怕的是听众提问时答不上来。克服这个问题最好的办法是事先预测可能提的问题。

提问能预测吗？能！因为提问一般都是有套路的。提问多属于下面几类：

（1）关于结论的依据是否确凿、是否有问题的。对这类问题，只要想好每条结论的所有依据就行。

（2）关于用来支持结论的资料本身是否可靠的，怎么得来的。对这类问题，只要知道各项资料的来源及其可靠性就行。

（3）关于概念是否正确的。对这类问题，只要想好讲的每个概念确切的定义就行。

（4）关于研究成果能否应用到其他领域的。对这类问题，根据自己的分析判断回答就行。

总之，只要对自己说的每句话都问个为什么，并能圆满回答，那么听众的所有提问，基本都能回答了。

其实，不应惧怕听众提问。要把提问当成学术切磋的机会，因为通过提问，可以发现自己存在的问题。碰撞，才能出火花。因此要从心底感谢提问，并真心欢迎提问。

6. 善用黑板

多媒体汇报或讲课的优点是，不仅可以展示生动的照片或录像，而且可以节省画图的时间，但其缺点是观众容易忘记所讲内容。很多情况下，当听完一次完全用多媒体的汇报或讲课，好像记住的东西不多。这是因为每张多媒体片子展示的内容很快就翻过去了，给观众记忆的时间很短，因此印象往往不深刻。

用黑板汇报或讲课的优点是容易让观众记忆更牢，而且能通过反复看黑板上的标题或关键词，能掌握前面讲的基本内容。其缺点是不能展示照片或录像，写字和画图都较费时间。

最好的办法是既用多媒体，又用黑板，两者密切结合，尤其是给学生讲课时。在黑板上把提纲、关键词、关键内容、关键图等写下来,可以让观众反复看,黑板上的内容可以重复多媒体的。

因此,如果汇报的场所有黑板可用,则最好既用多媒体,又用黑板。

二、怎样做笔记

现在很多人听课、听报告或开会时,两手空空就去了,什么也不带。这种习惯很不好。其实要养成爱做笔记的习惯,“好记性不如烂笔头”。笔记本不仅帮助记下某年某月某日在某地听了什么课、报告或开了什么会,帮助回忆内容,而且笔记本还具有收藏价值。多年后再翻翻那些笔记本,那种感觉是非常好的。

此外,开会时做笔记,有可能引起别人的注意,并给他留下认真的好印象,对今后发展有利。

听课、听报告或开会时,做笔记会不会影响听讲呢?只要方法正确,做笔记是不会影响听讲的。

该记录哪些内容呢?记录的内容不能过多,也不能过少。过多,会影响听讲;过少,会漏掉很多内容。

不能把演讲者的每句话都要记录下来,而是要记录提纲、标题、关键词、关键句、关键数据、关键图,与写摘要类似。

笔记不讲究语法,只要自己或别人能看懂就行,但要有条理。听完后,还可根据回忆,补充、完善笔记内容。

三、评审意见书的编写

很多情况下会涉及编写评审意见书,如评审研究报告、评审学位论文、评审学术论文、评审申请书、甚至书评等。各类评审意见书的写法都大同小异,其本质都是评审人的“读后感”,即从评审人的角度看看有哪些优点或长处,哪些缺点或短处。

评审意见书主要包括两部分内容:内容简介和评论。

“内容简介”就是研究报告等的摘要(关于摘要的写法见本书前面章节),一般在400字以内。之所以要写摘要,是因为评审意见书不只是给作者和评委看的,还是给有关部门领导看的,这些人未必看过研究报告,因此需要对其内容有个简介。

“评论”就是评审人针对研究报告等各个部分的看法,即选题是否好,并简述理由;采用的研究方法是否得当,并简述理由;所用的数据资料是否可信,并简述理由;结论是否可信,并简述理由;是否有创新,并简述理由。其中对结论和创新点的评论是评审意见书的核心。

现以研究报告评审为例,说明其基本格式。

《××××》课题评审意见书

××课题组于2016.8—2017.12,根据××资料,采用××方法,对××进行了研究,主要取得了如下成果(或认识):

(1)……

(2)……

(3)……

该研究针对制约该区油气勘探的关键问题,选题具有重要生产实际意义;采用的研究方法得当,所用的数据资料丰富、翔实,论述有据,条理清楚,结论可信,尤其在××方面有创新,对该区的油气勘探具有重要指导意义,达到世界先进水平。总之,报告内容丰富,层次分明,图文并茂,成果突出;答辩人的汇报简明扼要,并圆满回答了评委们的问题。经评审委员讨论,一致同意通过验收,并给予“优秀”评价。

但研究报告也存在下列问题,需修改后才能归档(如果没有需修改的问题,此部分不写):

(1)……

(2)……

四、范例

“现代湖泊滩坝分布规律及控制因素研究”中期评审意见书

2017年12月18日在××研究院实验楼一区325会议室对××大学承担的课题“现代湖泊滩坝分布规律及控制因素研究”进行了中期汇报检查。评审意见如下：

课题组自课题启动以来，主要完成的工作量包括：调研了国内外关于滩坝研究的文献100余篇；通过实地考察、挖掘探坑探槽等，采集样品100余个，进行样品粒度分析100余个，绘制柱状图和剖面图共20余张。主要取得的成果认识和评价如下：

（1）通过对比分析前人对滩坝定义，从水动力和形态等方面对滩坝定义进行了厘定。

（2）通过详细观察正在形成的现代滩坝和对古代滩坝解剖，提出了青海湖砂砾质滩坝沉积序列。该序列自下而上分A、B、C三段。A段为砾质砂岩，分选最差，砾石“漂浮”于砂中，定向排列，无层理；B段为砾岩，分选较好，砾石定向排列，无层理；C段为正粒序段，由细砾和砂组成，分选很好。

（3）解释了滩坝沉积序列的成因。认为A段形成于不对称的歪波浪带和破浪带，水体动荡，但相对较弱；B段形成于扑浪带，由扎向水底的扑浪能量最强，因此其沉积物最粗；C段形成于冲洗带，为涌上岸的冲洗流沉积，随冲洗流变弱粒度变细。

（4）解释了滩坝中向陆倾斜的纹层的成因，认为是越岸扇沉积。

（5）总结了滩、坝、河口坝之间的主要区别。认为三者在岩性、分选、磨圆、沉积构造、沉积序列、顶底接触关系、几何形态、厚度、宽厚比、相组合、测井响应和地震响应方面都有区别。

（6）绘制了青海湖18000年以来湖平面升降过程，分析了湖平面变化对滩坝的影响。

课题组做了大量基础工作，取得的资料扎实、可靠；对滩坝沉积观察仔细，总结出了ABC滩坝沉积序列，并结合现代滩坝环境观察，对序列成因进行了合理解释，属于重要创新；总结出的滩、坝、河口坝之间的主要区别对区分古代滩、坝与河口坝沉积有重要参考价值。

总之，报告内容丰富，资料翔实，层次分明，观点明确，依据充分，研究研究成果具有重要实际和理论价值，达到了阶段研究目标。下一步需补充有关解剖点的素描剖面资料，进一步完善该研究。经评委讨论，一致同意通过中期验收。

第七章　写作技巧

论文写作过程中，还有一些细节需注意，包括表述技巧、图和表的使用及其说明的写法，此外，还要注意语法、标点符号的使用、标题级别的写法等。

一、表述技巧

表述（即表达和陈述）是有一些技巧的，包括有序表述、先概括后分述、对仗表述等多种写法。表述得好，可以使文章达到层次分明、条理清楚的效果。

1. 有序表述

有序表述就是指表述要有顺序。一般都知道，开重要会议时，谁坐主席台上，谁坐中间，谁坐右侧，谁坐左侧，都是有讲究的。同样，在写作中，先写什么，后写什么，是讲究顺序，讲究层次的。一篇文章分好几部分，哪部分先写，哪部分后写，是有顺序的；一段文字包括多个句子时，哪句先写，哪句后写，是有顺序的；一个句子包括多个词语时，哪个先写，哪个后写，是有顺序的。

怎样知道文章是否有顺序、有层次？可问下自己：为什么先写这，后写那？只要能说出合理的理由就行。

一定不能想到哪写到哪，那样就会显得混乱。就像回答问题时一样，不能张口就来，不能想到什么就说什么，而是要冷静思考下，把所有要回答的内容基本想齐全，快速整理下顺序，分方面、分层次回答。例如，回答曲流河沉积与辫状河沉积的区别时，可以分几个方面进行比较，如岩石类型方面的区别、砂/泥比方面的区别、沉积序列方面的区别等。

一定要避免“跳跃式”表述，即忽东忽西，毫无顺序可言。描述某个方面的特征时，就要把所有特征描述完后，再描述下一个方面的特征。

现以描述一个人体貌特征为例说明之：

张燕的眼睛又圆又大，头发乌黑，个头有1.6m。她的眼睛水汪汪的，透着一股灵气，头发披肩，呈波浪状。

这样描述的缺点在于：眼睛的特征还未描述完，就开始描述头发；头发还未描述完，就回到眼睛描述上。这就是跳跃式表述。

有条理的表述应为：

张燕的眼睛又圆又大，水汪汪的，透着一股灵气；头发乌黑，披肩，呈波浪状；个头有1.6m。

又如，在描述砂岩的特征时，描述的顺序一般是颜色、成分、结构、构造、沉积序列、化石类型等。其中结构特征又包括颗粒的含量、形状、大小、磨圆、分选、排列方式、填隙物的类型和含量等。

有人是这样描述的：

该砂岩呈红色。砂的含量为80%，成分为石英、长石和岩屑。颗粒呈近等轴粒状。石英为50%，岩屑为10%，长石为20%。直径大都为0.3～0.4mm，最大为0.8mm。长石为正长石（12%）和斜长石（8%），岩屑为玄武岩岩屑（5%）、花岗岩岩屑（2%）和片岩岩屑（3%）。磨圆差，分选差，分选系数为4.2，大都呈棱角状，少量呈次棱角状。填隙物含量20%，为方解石胶结物，呈细晶粒状。颗粒略显定向排列。

这样的描述是跳跃式的，一会儿写含量，一会儿写粒度，一会儿又写含量，等等，显得混乱。关于含量的描述也没有顺序，既不是由多到少，也不是由少到多，而是乱写，没有规律。

有条理的描述应这样：

该砂岩呈红色。砂的含量为80%，成分为石英、长石和岩屑，其中石英为50%，长石为20%，岩屑为10%；长石为正长石（12%）和斜长石（8%），岩屑为玄武岩岩屑（5%）、片岩岩屑（3%）和花岗岩岩屑（2%）。颗粒呈近等轴粒状，直径大都为 0.3～0.4mm，最大为 0.8mm；磨圆差，大都呈棱角状，少量呈次棱角状；分选差，分选系数为 4.2；略显定向排列。填隙物含量 20%，为方解石胶结物，呈细晶粒状。

总之，表述有顺序才显得条理清楚。按照一般习惯，表述顺序是先写重要的，后写不重要的；先写多的，后写少的。

2. 先概括后分述

先概括后分述指先告诉读者总共要表述哪几个方面，然后再展开叙述每一个方面。这样可以让读者做到心中有数。当表述的方面超过两个，且表述的内容超过 1 个版面、不能让读者一眼看到全部内容时，最好先概括后分述。现举例说明之。

例 1：以张三作大会报告为例，读者自己体会下哪种方式更好。

第一种方式，上来就开始一点一点地讲：

今天报告的题目是"我国经济发展现状"。第一点，……；第二点，……；第三点，……；第四点，……；第五点，……；第六点，……；第七点，……；第八点，……。

听众不知道他总共要讲几点，讲多长时间，心中无数，难免烦躁。

第二种方式，先说下今天要讲几点，然后再展开讲：

今天报告的题目是"我国经济发展现状"，<u>总共要讲 8 点</u>。第一点，……；第二点，……；第三点，……；第四点，……；第五点，……；第六点，……；第七点，……；第八点，……。

下划线部分属于概括。这样，听众知道他要讲几点，大概能讲多长时间，心中有数。

例 2：关于"结构组分的类型及特征"先概括后分述的写法：

1. 结构组分的类型及特征

<u>沉积岩的结构组分包括 6 类：颗粒、泥、胶结物、生物格架、晶粒和有机质，</u>

其特征如下。(下划线部分属于概括)

(1)颗粒

……

(2)泥

……

(3)胶结物

……

3. 对仗表述

我国的对联讲究对仗。对仗表述就是指表述的几项内容结构相似,先后顺序相同,具有对仗性或对称性。这样更容易使读者掌握表述的内容。

例如:

砾岩呈灰白色。砾石含量80%,其成分为玄武岩(60%)、片岩(10%)和花岗岩(10%)。颗粒大致呈椭球状,大小多为3cm×2cm~5cm×3cm,最大为8cm×5cm;磨圆好,大都呈次圆状;分选中等;平行层面排列。填隙物含量20%,为方解石胶结物,呈细晶粒状。

砂岩呈灰色。砂含量90%,其成分为石英(80%)、长石(5%)和花岗岩岩屑(5%)。颗粒大致呈等轴粒状,直径大都为0.1~0.2mm,最大为0.6mm;磨圆差,大都呈棱角状,少量呈次棱角状;分选差,分选系数为4.1;颗粒略显定向排列。填隙物含量10%,为石英胶结物,呈次生加大边状。

上述两种岩石描述的顺序是一样的,即颜色、含量、成分、粒径、磨圆、分选、排列方式、填隙物含量、填隙物类型及特征。这就是对仗表述。

如果不遵循对仗原则,各描述各的,会显得混乱些,不易让读者抓住规律,不利于读者记忆。例如:

砾岩的颜色为灰白色。砾石含量80%,磨圆好,大都呈次圆状;分选中等;平行层面排列。砾石的成分为玄武岩(60%)、片岩(10%)和花岗岩(10%)。砾石大致呈椭球状,大小多为3cm×2cm~5cm×3cm,最大为8cm×5cm。填隙物含量20%,为方解石胶结物,呈细晶粒状。

砂岩呈灰色。砂含量90%，其成分为石英（80%）、长石（5%）和花岗岩岩屑（5%）。颗粒大致呈等轴粒状，直径大都为0.1～0.2mm，最大为0.6mm；磨圆差，大都呈棱角状，少量呈次棱角状；分选差，分选系数为4.1；颗粒略显定向排列。填隙物含量10%，为石英胶结物，呈次生加大边状。

读者可以比较下，对仗表述是否更好呢？

二、关于图和表

论文写作一般讲究图文并茂，让读者越容易读懂越好。图和表是协助表达内容和观点的。图和表不仅能使文章显得丰富多彩，吸引读者眼球，更是能够达到一目了然的特效，“一图胜万言”。就像描述一个人物的相貌特征，仅靠文字描述，是难以让读者准确想象出这个人的相貌的，而配上一张照片，就会清晰地展现。有些情况下，只能意会不能言传，只能用图表达，用文字啰嗦半天也说不清。

现以描述一种叠层石的特征为例说明之。

如果不用插图，文字描述是这样的：“在天津蓟县元古宇铁岭组的石灰岩中，常见一种特殊的沉积构造—柱状叠层石。柱状叠层石总体像柱子，每个柱子由一系列上凸的纹层叠置形成。柱的直径多为几厘米到十几厘米，高几十厘米。柱间充填物的岩性通常为颗粒石灰岩。”读者可以根据文字描述想象，但只能想象出大概的轮廓。

如果配上插图，读者就很容易知道柱状叠层石是什么样子了。有了图，还要文字描述吗？当然需要，你想让读者看什么，就把什么写出来，因为有些现象，如果你不专门点出，读者可能会“视而不见”；有些数据你写出来，就不用读者自己从图中读取，省了读者的事。插图只是帮助读者理解，不能完全代替文字，如果这些现象在图中显示了的话，有些不重要的细节描述可以省略，当然不省略也行。

如果配上插图，上述例子可这样表达："在石灰岩中，常见一种特殊的沉积构造——柱状叠层石。柱状叠层石总体像柱子，每个柱子由一系列上凸的纹层叠置形成(图 1)。柱的直径多为几厘米到十几厘米，高几十厘米。柱间充填物的岩性通常为颗粒石灰岩。"这种描述就没有省略文字，只是加了插图，因为作者认为这些描述都是必要的。

图 1　柱状叠层石露头照片，天津蓟县元古宇铁岭组

因此，论文写作中使用图和表是非常重要的。所有科技论文中，几乎没有不用图或表的。论文写作时，遵循的优先顺序是：图—表—文字。能用图表达的内容，要优先用图，次之用表，或图、表同时用，尽可能避免全部用文字描述。

无论图还是表，都要做到美观，字号大小、线条粗细等都要适中，看上去舒服，能给读者一种美感。

1. 关于图的使用和说明

图包括线条图和照片图。线条图可以是自己画的，也可以是引用别人的。如果引用别人的，一般要注明图的来源。照片一般都是自己的，如果引用别人的，需征得作者和出版商同意和授权。

自己画线条图时，需注意两点：图例和比例尺。凡是图中出现的符号、线条、颜色等，一般要有对应的图例，否则读者有可能不清楚其含义。所有图例都必须是图中出现的，没有出现的不能列在图例中。有的研究人员为了省事，一套图例用在多张图中，导致有的图例在图中根本没有出现过。只有少数情况下，当读者都知道图中的符号、线条、颜色等代表什么的情况下，才可以不用图例，如一些素描图。不过按照规范，所有图是应该有图例的。

地质类素描图常常需要有比例尺，否则不知道景物的大小。

插图应该放在文章什么位置呢？通常放在首次提到图的那一段之后。注意：插图一定不能放在首次提到之前，当然也不能过于靠后，正文提到后看了半天还未见图就不方便阅读了。

文章中的插图编号通常用“1、2、3……”表示，如图 1、图 2 等。书（或研究报告）中插图编号的格式通常为“章的序号－图的序号”，例如，如果是第一章的第 3 个图，则表示为：图 1–3。这是为了避免“牵一发而动全身”，即如果哪一章需删掉一个图或增加一个图，只需改变这一章所有插图的编号即可，而不需改变全书插图的编号。

现举例说明：

根据三角洲平原上过渡带的存在，将三角洲平原进一步划分为三角洲上平原（简称上平原）和三角洲下平原（简称下平原）。上平原指三角洲位于平均高水位以上的部分，下平原指三角洲位于平均高水位与平均低水位之间的部分（图 2）。上平原通常比下平原广阔。下平原的宽度与海（湖）底坡度有关，坡降越小，其宽度越大。如果坡降为 1/100，平均水位波动幅度为 5 m，则下平原的宽度为 500 m。因此，当坡降大于 1/100 时，下平原的宽度会很小，可以认为不发育。

对于古代三角洲沉积，如何区分上、下平原？针对河流三角洲，本文根据河道间沉积特征、沉积构造和结构等对两者进行了区分。

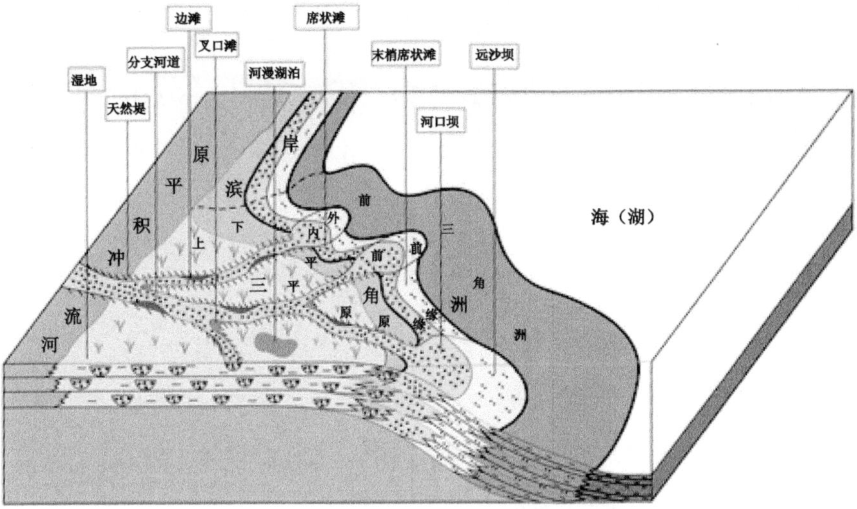

图 2　曲流河朵状三角洲沉积模式

关于图的说明，很多学生是不知道怎么写的。其实，图的说明就是你想让读者重点看的内容。此外，一般还要注明照片的类型、地点、地层的地质年代。

照片类型包括野外照片、岩心照片、显微镜照片、扫描电镜照片、阴极发光照片等。注明照片类型是为了让读者第一时间知道照片中景物的大小，当然所有照片都要有比例尺。

地点指照片中地质现象的地点，如山东新泰汶南；如果是岩心，则要注明井号和井深(如果不需保密的话)。

地层的地质年代就是照片中地质现象的层位，如上寒武统凤山组。

例如，想用一张照片展示砂岩岩心中看到的交错层理，一些学生会把图名写成："图 4 砂岩岩心照片"。这种写法过于简单，没有标明要展示什么现象，也没有注明照片的类型、地点和层位。正确的写法应该是："图 4 砂岩中的交错层理，岩心照片，陆 1 井，井深 2568m，古近系东营组"。

2. 关于表的使用和说明

表由表头和表干组成。表头指表中数据的类型(或要比较的特征类型),表干指具体数据(或具体特征)。表的编号原则与插图的相同。

表头的内容既可横排,即位于表的顶行;也可以竖排,即位于表的最左侧。

文章有些内容既可用图表示,又可用表表示,而有些内容只能用表。什么情况下该用表呢?一般有两种情况:一是需列出大量数据时,二是需对两个或多个目标的特征进行对比时。

1)用表列出大量数据

当文章中需要列出的数据较多时,通常应用表来表示。用表表示远比用文字表示清楚。

例如,数据如果不用表时,需这么写:

本次研究共分析了6块白云岩样品的$\delta^{13}C$和$\delta^{18}O$,其数据为:样品1为泥晶白云岩,其$\delta^{13}C$为+3.0‰,$\delta^{18}O$为+1.0‰;样品2为泥晶白云岩,其$\delta^{13}C$为+3.6‰,$\delta^{18}O$为+1.1‰;样品3为粉晶白云岩,其$\delta^{13}C$为+2.5‰,$\delta^{18}O$为−1.2‰;样品4为粉晶白云岩,其$\delta^{13}C$为+2.1‰,$\delta^{18}O$为−1.3‰;样品5为细晶白云岩,其$\delta^{13}C$为+1.6‰,$\delta^{18}O$为−3.4‰;样品6为细晶白云岩,其$\delta^{13}C$为+1.5‰,$\delta^{18}O$为−3.9‰。

如果这么写的话,是否会让读者头变大了呢?而且也不容易发现规律。而用表,则清楚得多,见表7−1。

表7−1 不同类型白云岩的碳氧同位素分析数据

样品序号	白云岩类型	$\delta^{13}C$/‰	$\delta^{18}O$/‰
1	泥晶白云岩	+3.0	+1.0
2	泥晶白云岩	+3.6	+1.1
3	粉晶白云岩	+2.5	−1.2
4	粉晶白云岩	+2.1	−1.3
5	细晶白云岩	+1.6	−3.4
6	细晶白云岩	+1.5	−3.9

表 7–1 中,样品序号、白云岩类型、$\delta^{13}C$、$\delta^{18}O$ 都是表头的内容,其中‰为数据的单位,数据类型与数据单位之间用"/"分开。表 7–1 属于横排。如果竖排,见表 7–2。至于用哪种排法,根据需要决定。

表 7–2 不同类型碳酸盐岩的碳氧同位素分析数据

样品序号	1	2	3	4	5	6
岩石类型	泥晶石灰岩	泥晶石灰岩	泥晶白云岩	泥晶白云岩	细白云岩	细晶白云岩
$\delta^{13}C$/‰	+1.6	+0.6	+1.3	+1.8	+0.1	+0.2
$\delta^{18}O$/‰	–4.2	–3.8	+1.8	+1.9	–3.2	–4.2

2)用表对特征进行对比

当对不同对象的特征进行对比时,列成表要清楚得多。现以曲流河沉积与辫状河沉积的区别为例,对比一下不用表和用表的效果。

如果不用表,两者的区别描述如下:

在岩石类型方面,曲流河河道沉积一般比辫状河的细,前者多为砂岩,很少能见到砾岩,而后者常为砾岩;在砂 / 泥比方面,曲流河沉积多为"泥包砂",而辫状河沉积多为"砂包泥";在沉积序列方面,曲流河沉积发育向上变细的沉积序列,而辫状河沉积发育均质沉积序列;在接触关系方面,曲流河河道沉积底面突变,顶面渐变,而辫状河道沉积顶、底面均为突变面。

如果用表,两者的区别描述如下:曲流河沉积与辫状河沉积在岩石类型、砂 / 泥比、沉积序列、接触关系等方面都有明显区别,见表 7–3。

表 7–3 曲流河沉积与辫状河沉积的区别

沉积相类型	曲流河沉积	辫状河沉积
岩石类型	多为砂岩,很少能见到砾岩	常为砾岩
砂 / 泥比	泥包砂	砂包泥
沉积序列	发育向上变细的沉积序列	发育均质沉积序列
接触关系	底面突变,顶面渐变	顶、底面均为突变面

显然,用表对比更容易让读者记住曲流河沉积与辫状河沉积。

三、标题级别

论文通常分多部分，每一部分会用一个标题，这样更清楚。当一项内容又分次级项时，就会用到次级标题。

标题的级别通常有两种表示方法。

一种是不同的级别用不同类型的数字。一般说来，标题的级别由大到小依次为：一、（一）、1、（1）、1）、①、a。这种写法在中文写作里常用，其中一、（一）都是中文数字，只能用在中文里。例如：

> 一、岩石的类型
> 该地区的岩石类型有石灰岩、白云岩和碎屑岩。
> （一）石灰岩的类型
> 该地区的石灰岩有颗粒石灰岩、灰泥石灰岩和礁石灰岩。
> 1. 颗粒石灰岩的类型
> ……

另一种是用阿拉伯数字，不同的级别间用圆点分开，标题的级别由大到小依次为：1、1.1、1.1.1、1.1.1.1。这种写法在中文和英文写作里都常用。例如：

> 1 岩石的类型
> 该地区的岩石类型有石灰岩、白云岩和碎屑岩。
> 1.1 石灰岩的类型
> 该地区的石灰岩有颗粒石灰岩、灰泥石灰岩和礁石灰岩。
> 1.1.1 颗粒石灰岩的类型
> ……

注意：标题的末尾通常不用冒号，例如：一、岩石的类型：（这里不能用冒号）。带括号的标题后面通常不能有顿号，例如：（1）、白云岩的类型；或①、白云岩的类型（这里都不能用顿号）。

总之，论文标题级别的写法可参考所投期刊。研究报告标题级别的写法可参考一本正式出版的教科书。

第八章 练习题

本章附了3篇作者的社科类文章,各专业的人士都能看懂。对每篇文章,要求做如下训练:

(1)写200～300字的摘要;

(2)写8～10个关键词;

(3)添加研究现状和参考文献。

所附的这几篇文章,不只是为了训练用,同时也是传播作者关于科研和教育的一些理念,供读者参考。这些文章已经发表在了科学网、《中国科学报》或求是网上。

文章一 什么时候,读中国的大学能成为一种荣耀?

"强国是教育出来的,弱国也是教育出来的"。有人可能会觉得这句话偏颇,但教育对国运的巨大影响,毋庸置疑。因为,知识灌输型教育出来的人,无所不知;而能力主导型教育出来的人,则无所不能。这种本质上的区别,对国家整个经济、社会、科技、文化都会带来极其深远的影响。

谈到我国的高等教育,最令人尴尬无奈也非常痛心的是,越来越多有条件的学生选择出国读书,留学生的年龄也越来越小,国内一流高校的优秀学子纷纷选择到国外大学深造,人才流失现象严重。面对这种状况,每一位有使命感的教育工作者都会有这样一个思之心痛的教育之问:我们的学生,何时能以就读国内大学为荣?!

笔者认为,我国高等教育水平与美、英等教育强国有较大差距的根源之一在于:从小学到中学再到大学一以贯之的"灌输型"教育方式。孩子来到大学后,学习方式并没有根本转变,大学不过是中学的延续,唯一不同的是灌输给学生的是专业知识而已,整个教育过程都忽视了最重要、最核心的东西——能力。即使有的教师希望多对学生进行能力方面的培养,在知识面前早已习惯了"衣来伸手,饭来张口"的学生也已经不能自己动脑动手了,他们的学习习惯已经在中小学这个关键成长阶段养成了。

灌输式教育培养出来的很多学生有3个显著的特点，毫不客气地说就是“呆”“傻”“弱”。

“呆”：上课、听报告习惯于“听”，习惯于被动接受，思维不活跃，惰性强，提不出有深度的问题，没有奇思异想。

“傻”：不知道自己的擅长和兴趣，找不到明确的研究方向。只知道学习是为了考上好大学，大学毕业能找到好工作，考研是为了找到更好的工作，很少有本科生读研是出于对某个研究领域的兴趣。

“弱”：能力不强。遇事喜欢求助，而非想办法解决，毕业3～5年内不能独立承担科研工作。这种教育体制产生的惰性，浸透到了社会各个角落，缺乏追根溯源的探究精神成为普遍现象。

这种教育方式不改变，那么创新人才培养就会事倍功半，国家科教兴国、创新驱动战略的实施就难以得到保证。

我们都知道，高校的第一任务本应是培养高质量人才，培养出成千上万会创新的学生，远比老师们自己创新贡献大。但现实是，大学里“重科研轻教学”的思想根深蒂固，教师们忙于科研，顾不上教学。实际上，这是本末倒置了。

教学为什么得不到重视？有一个不可忽视的原因是不少国内高校普遍热衷于追求大学排名，甚至专门研究排名的指标，以便对症下药，迷信排名可以招来好学生，可以赢得国家投入。这些国内外排行榜所依据的指标，主要是所谓的科研水平，包括论文、获奖成果、名教授等，而没有能够准确反映学生培养质量的指标。这就导致了一种怪现象：以培养高质量人才为中心的高等教育却不关注教育质量。毫无疑问，科研对教学有促进作用，二者相辅相成，但过于强调科研时，就对教学造成严重伤害。一所高校，即使名教授再多，不上课或不注重教学，学生怎能受益？由于教师职称晋级主要是拼论文，拼科研成果，因此都把主要精力投入科研中了，哪有心思琢磨教学？因此，排名越高，教学质量反而可能越差。

排名有无必要呢？很有必要，因为排名是高校办学的指挥棒，但评价指标需全面、合理、准确。这个事关教育成败的指挥棒，必须是官方的，必须掌握在获取信息最多、最全、最容易的教育部手中。很多人认为，如果不用论文、获奖数量和等级等定量指标进行评估，教育和科研质量就不好定论，就像高考不好改革一样。实际上并非如此，只是没有高度重视评估体系研究罢了，“世上无难事，只要肯登攀”。高考考题完全可以不以书本知识为主，而以各种能力考查为主，例如，给学生一堆实验数据，让学生通过数据分析，发现问题，提出观点，写出一篇科技论文；高考也不一定3天，可以更长。我的观点是，无论教学评估还是科研评估，不要过于注重间接指标，而应直接考察最终结果，“不管白猫黑猫，抓住老鼠就是好猫”。考察教学水平，就直接全面、深入地考察即将毕业学生的专业基础和各种能力，而不要过于注重名教授数量、试卷批阅是否规范、教学规章制度是否健全等间接指标。考察科研水平，就要直接考察代表性科研成果的直接、间接或潜在经济或社会效益，而不要过于注重论文和奖的数量，因为即使论文和奖再多，如果没有带来任何效益，甚至看不到任何潜在应用前景，有什么用呢？况且很多论文的发表有人为因素，例如审稿人水平一般，不公正；存在人情关系论文、代笔论文、作假论文等。奖的评选同样存在很多人为因素。如果能够实行“结果直接评估”，也就不会出现高校间高薪挖人的现象了。

实际上，高校办得好不好，口碑最重要。口碑的直接反映是就业率。学生质量高，口碑就会好，用人单位就愿意要。但口碑的建立是需要时间的，是一点点积累起来的，不能急于求成，办学也需要敢坐冷板凳。

“授人以鱼不如授人以渔”。之所以要提教学质量最终要反映到毕业生的综合能力上，是因为我们教育学生的最终目的，并非让他们掌握多少专业知识，更重要的是让他们具备各种能力，只要有了能力，工作中需要什么知识都可以自己获取。只有能力，才是各行各业通用、学生终生受用、永不过时、永不作废的技能。只要注重能力培养，就不会出现“专业白学、大学白上”的现象。

能力有多种，如创新能力、科技论文写作能力、演讲汇报能力、组织领导能力、社交能力、心理和身体素质，等等。要达到能力培养这个目标，需彻底摈弃知识灌输型教育模式，而采用能力主导型教育模式，努力培养“研究型本科生”。很多人认为，本科传授专业知识，硕士应用专业知识，博士创造专业知识。这种“三段式”培养听起来似乎很有道理，其实不然！为什么？一个人的创造力高峰在30岁左右，孔圣人云：“三十而立”。有人统计，获化学诺贝奖的成果，平均是在32岁取得的。因此，具备科研能力越早越好，接触实际问题越早越好，因为创造是需要长期工作经验积累的。硕士和博士应主要为有明确研究方向、希望继续深造的学生提供。

如何培养“研究型本科生”？具体到理工科的人才培养，我认为可以实施的举措应该包括：

（1）以能力培养为核心，彻底改革培养方案，针对各种能力，开设专门的训练课。

（2）以职业能力为导向，全面进行课程优化，学时分配和要求按知识型（基础课等）、知识—能力型（专业课）、能力型（大作业、实习、毕业设计、科技创新等）区分对待。

（3）改革课堂教学，少讲多练，提高授课效率。

（4）实习以研究型而非认识型为主。

（5）延长毕业设计至1～2年，甚至更长，以便学生能进行深入研究。

（6）鼓励自主申请创新课题，锻炼学生提出科学问题的能力。

（7）鼓励学生撰写科技论文，锻炼创新、提炼总结和写作能力等。论文是学生多种能力，尤其是科研能力的综合体现，会写科技论文应成为本科生的基本要求。本科生论文的数量和质量，在高校评估中应该占有极高的权重，因为这个指标最能完美兼顾教学和科研，最能同时准确反映高校教学和科研的综合实力，而且定量、可操作。

（8）鼓励学生自己组织、开展学术活动，锻炼组织能力、演讲能力、协作能力等。

（9）采取有力奖惩措施，充分调动教师教学积极性。

（10）高度重视教学方法、培养模式、学生和教师考核评价体系等高等教育研究，因为上好一门课，每年受益的至少几十、上百学生，其影响远大于一篇科技论文；提出好的高等教育模式，受益的将是千千万万、很多代学生。考核评价体系则是最有效的指挥棒。所有学科的教师都应进行高等教育研究，而不仅仅是专门研究高等教育的教师才有这个责任。理工科的学生如何培养，教学和科研经验丰富的理工科教师这些“过来人”最有经验，他们知道学生应具备哪些知识和能力才能做好科研，也更清楚如何培养才能实现培养目标。

只要全面推进能力主导型培养，大学生必有丰厚的获得感，四年毕业后一走上工作岗位就能初露锋芒，五年后便可亮剑。如果高校能紧紧抓住能力培养这个纲，潜心修炼培养学生的内功，则一定可以做到：“五年不鸣，一鸣惊人；十年不飞，一飞冲天！”

只要全面推进中小学到大学的能力主导型培养，就能推动我国的教育由“知识灌输型”向“能力主导型”转折的革命——一场将深刻改变中国的教育革命，使中国的教育实现跨越发展，真正赶上甚至超越西方。世界上只有想不到的事，没有办不到的事，心想事成。如果从现在开始全面实施能力主导型培养，实现“就读中国大学成为一种荣耀”这个梦，十年可也！

（本文据金振奎．什么时候，读中国的大学能成为一种荣耀?！中国石油大学报，2017.3.22；微博教育，2017.3.27，阅读量已超14万；中国科学报，2017.5.3；中国高等教育报，2017.5.4，头条；科学网，2017.10.11）

文章二　大学该不该推行通识教育

近些年，国内高校兴起了“通识教育热”。大学校长们谈到大学教育改革，就是要推行通识教育，把通识教育当成了提升教育质量的一个法宝，喊出了“厚基础，宽专业”的口号，试办通识教育班，增加通识教育课程，强调打通专业壁垒，要求理工科学生选修文科类课程，文科学生选修理工类课程，认为这类“万金油式”的“通才”更能胜任以后的工作。

但在笔者看来，大学教育的这种改革并没有抓到重点，没有触及教育的本质。能力培养才是大学教育（以及中小学教育）改革的着力点，而非通识教育。

1. 通识教育不是法宝

现行所谓的通识教育是让学生多学些非专业课程、拓宽知识面而已，大多属于“知识灌输型教育”，而不是“能力培养型教育”。

如果多教些知识就能培养出优秀人才的话，那人才培养也太简单了。显然，事实并非如此，仅靠多读些兵书是成不了优秀军事家的。

以数理化为例。很多人认为，数理化很重要，数理化基础不牢，研究后劲就不足。我认为这种观点不对。后劲就是创新能力，而创新能力与数理化基础并没有多少关系。我国从中学到大学，教授的数理化知识比欧美多，学生的数理化基础比欧美学生扎实，可创新能力显著不如欧美。

还有人认为，数理化可训练抽象思维能力，因此文科学生也要学习。但笔者认为，从小学到中学，我们就一直在学数学，到了中学还学物理和化学，抽象思维不是训练过了吗？我国古人没有学多少数理化，也出现了很多著名文学家、诗人。

再有，知识不用就会忘。很多人想当然地认为，大学里开设多少课，就能让学生掌握多少知识。他们没有想到，知识很容易被“忘”。即使学生某门课的考试成绩为 100 分，只要不用，半年后就几乎忘光了。以英语为例，我们从小学就开始学，但博士毕业时仍不能过关，仍不能流利地进行学术交流和写作。为什么？主要是因为学校只注重学，而不注重练。学生学英语主要是为了应付各种考试，平时说话不用英语，写作不用英语，思考不用英语，所以英语始终学不好。

大学还是要以培养专才为目标。不同成长阶段，教授不同知识。通识教育强调培养通才，放在中学或许更合适。到了大学，就是要分专业学习，“术业有专攻”，就是要培养“专才”。

原因有两方面：一是在某个专业领域要取得重大突破，必须有雄厚的专业知识积累，必须要“精”“深”。什么都懂，什么都不精，是不可能做到这一点的。

专业知识积累是需要时间的，而一个人的时间和精力是有限的，其他知识学多了，专业知识必然学得少。

二是一个人的创造力有黄金时间段，成年后（17 岁左右）到 30 岁左右是创造力高峰。有人统计过，诺贝尔化学奖获得者的成就平均是在 30 岁取得的。知识积累与创造力高峰是有最佳匹配关系的，在创造力高峰达到较深厚的知识积累最有利于取得突破。

总之，以灌输知识、拓宽知识面为目的的通识教育，不仅不会提高人才培养质量，反而适得其反，因为挤占了专业学习时间，因此在大学里不应广泛推行通识教育，通识教育也不是提升大学教育质量的法宝。

2. 能力培养才是焦点

要办好教育，首先要确立正确的培养目标。人才培养目标应该是：能力 + 灵魂 + 健康 + 知识，其中能力培养、灵魂塑造、健康（身体和心理）锻炼都是教育的核心，尤其是能力培养，唯独传授知识不是。

从幼儿园到大学，我们的教育实际上把传授知识当作头等大事，当作教育最重要的核心，注重向学生大脑里灌输知识，而忽视了对大脑的训练。知识灌输得多了，学生自由思考的时间就少了，于是，就变成了“书呆子”，养成了“爱听不爱思”的惰性。这种思维惰性严重阻碍了创新能力。

大学教育为什么要以能力培养为核心？因为“授人以鱼不如授人以渔”。只要能力强，什么工作都可以胜任，工作中缺什么知识，都能够自己获取。

当然，灵魂塑造也很重要。当年弱小的红军能取得胜利，靠的就是一股精神。一个人只要有正确的奋斗目标，就会朝气蓬勃、充满活力，浑身有使不完的劲；就会有百折不挠、坚韧不拔的意志。“有志者，事竟成！”反之，没有奋斗目标，就会随波逐流，浑浑噩噩，如同行尸走肉。

3. 高等教育领先世界的途径

我国高等教育与欧美的高等教育的差距主要在于能力培养，而不是知识的广度和深度。因此，我国高等教育要领先世界，需加强能力培养，推行“能力培养型教育”。

要改革培养方案，从知识灌输型转变为能力培养型。在我国，一个本科生毕业通常需要修满 160～180 学分，而其中绝大部分学分是通过课程学习获得的，实训（实习、大作业、科技创新、毕业设计等）所占学分的比例通常不到 15%～20%。这是重知识灌输、轻能力培养的表现。因此，应转变观念，对培养方案进行深入改革，加大实训的分量和力度。

要把会写论文作为本科生毕业的基本要求，作为必须掌握的一种关键能力，作为本科评估的重要指标之一。为什么呢？因为论文是反映多种能力的综合指标，能够反映创新能力、发现问题能力、解决问题能力、逻辑思维能力、提炼总结能力、写作能力、审美能力等多种能力。

因此，会不会写论文是衡量本科生培养质量最重要的核心指标，是提升学生多种能力的突破口和抓手。当然，要求所写论文都发表也不现实，老师或评委认可就行。

目前，欧美高校教授对中国留学生普遍的印象是：很多学生读研时不知道要干什么，需要导师定题目、定思路。这主要是本科生不会写论文造成的。国外的本科生不是人人都会写论文，但如果我们的本科生人人都会，高校的培养质量将高于他们。

或许，推行“能力培养型教育”，才能让我国高等教育更快地追赶上欧美国家。

（本文据全振奎．大学里该不该推行通识教育？科学网，2018.1.9；搜狐教育，2018.1.10；中国科学报，2018.1.26，有修改；求是网，2018.1.26，有修改）

文章三　论“培养重心前置”教育模式的重要意义

当下，我国教育界最热门的话题莫过于“双一流”了。据说对42所双一流大学的建设经费预算已经出炉了：清华大学233.35亿元，北京大学193亿元，超过百亿的高校还有4所（上海交通大学、中山大学、天津大学和复旦大学），最少的云南大学也有13.91亿元。国家对高校的投入不可谓不大。

但本人认为，这种投入多少有点错位，过于重视末端教育（即大学），而忽视了始端教育（学前＋小学）。这种做法是一条代价高昂、效率不高的人才培养之路。为什么呢？且听分解：

“双一流”建设的终极目标是要出一流人才，创一流科研。笔者认为，一流人才是根本，因为有一流人才，才可能有一流科研。培养一流人才最高效、最省钱的最佳途径是什么呢？要找到这种最佳途径，首先要了解一个人发育成长的规律。

我国有古语道：“三岁看大，七岁看老”；“人过30不学艺”。这是我国人民千百年来对一个人成才规律的经验总结。吾深以为然。一个人在17岁左右就成年了，发育就基本定型了。

据说美国心理学家布鲁姆曾对很多儿童从出生一直到成年的追踪研究，结果表明：一个人的智力在4岁前获得50%，在4～7岁间获得30%，剩余的20%

则在7～17岁间获得。

因此，17岁前属于“可塑期”，或者称“定型期”，其中7岁前的可塑性最大，属于塑造的“黄金年龄段”。随着年龄增长，可塑性急剧下降。成年后虽然还有可塑性，但要小得多了。

俗话说“本性难移”。这个“本性”是由内因和外因共同决定的，内因即遗传基因，外因即后天改造。后天改造的效果，当属“定型期”，尤其是“黄金年龄段”。

因此可以说，“定型期”的教育，尤其是“黄金年龄段”的教育，决定了一个人成年后的品行，对人的一生影响最大，效果最佳。

打几个比喻：一颗小树弯了，只要及时矫正，仍能长成竖直的参天大树；但如果等到小树长大了，这个弯就再也矫不过来了。正所谓“纠小树易，矫大树难”。杂技演员的腰很柔软，好像没有骨头，可以随意折叠，这都是从小练就的；但成年后，就再也不可能练到那个柔软度了。老虎小的时候可以驯服，大了以后就不可能了。很多疾病早期可以治愈，晚期就没救了。

这些例子都想说明：人在小的时候，可随意塑造，像一张白纸。但随着年龄增长，教育改造越来越难。一个人会成为什么样的人，关键与小时候的教育有关。“有什么样的家教，出什么样的孩子”。“家教”就是学前儿童受到的、来自家长和幼儿园教师的熏陶。

因此，笔者认为：学前和小学教育实际上比大学教育还重要。

但现实是：学前和小学教育未得到应有的重视，从大学到中学、小学、幼儿园，教师的教育水平是依次降低的。幼儿园和小学阶段，教师的水平和素质对孩子影响极大。然而在这个最重要、最关键的成长阶段配置的却是教育水平最低的教师，学前教育更没有纳入9年或12年的义务教育，这就是现状。这些老师没有从事过科学研究，自然也不知道该怎么培养孩子的科学素质，只会教教识字、唱歌、跳舞。这种现状源自我们根深蒂固的教育观念：教育就是传授知识，就是“传道、授业、解惑”。幼儿园和小学教授的知识简单，自然也不需高水平教师，宰鸡焉需牛刀？大材岂能小用？没有意识到创新性思维和各种能力才是教育的核心，没有意识到教育有黄金年龄段。

一日之计在于晨，一年之计在于春，一生之计在于幼。有鉴于此，笔者建议推行“培养重心前置”的教育模式。该模式指将培养人才的重心由末端(大学)转移至始端(学前＋小学)，转移至“人才定型期”，尤其是“黄金七年”，加大对学前和小学教育的投入和师资建设。

“培养重心前置”的教育模式，可以起到四两拨千斤的作用，是一条高效的人才培养捷径。既然教育是为了培养人才，自然应重视最高效的黄金年龄段的教育。

建议采取如下举措：

（1）应高度重视学前和小学教育，尤其在师资和教材建设上加大投入。目前国家培养大学生的成本远远高于儿童。对幼儿园和小学，是否也应有个“双一流”计划呢？

（2）组织精兵强将编写一套能够开发智力、培养科学素养、儿童又感兴趣的读物或教材。

（3）给幼儿园、小学配备高水平教师，最好是研究生毕业，并大幅提高待遇，让人们愿意当幼儿园和小学老师。幼儿园园长和小学校长应是科学研究经验丰富的教授。至少，每所幼儿园和小学有 1 名或几名训练有素的老师，专门培养创新思维和各种能力，尤其培养孩子爱提问的兴趣。爱提问就说明爱思考，会发现问题。

（4）可返聘退休高级知识分子当顾问，他们既有带学生的经验，又有带孩子的经验，是宝贵财富，应充分利用。

（5）加强幼儿园、小学教师的培训。对没有条件配备高水平教师的地方，要加强幼儿园和小学教师的培训，教授他们培养孩子的方法。国家应重视幼儿园和小学教师的培养，而不是过于重视高校的建设。

（6）加强对家长的教育和培训。家长对孩子成长影响很大，应加强对他们的教育和培训，应注意什么，教导孩子什么。

（7）充分发挥电视和网络传播的作用。在电视和网络上，应传播如何教育孩子的方法和实例；多播放对培养孩子做人和科学素质的动画片。现在电视上播放了很多无用甚至起坏作用的节目，浪费宝贵的播放时间。应在黄金时间段，播放关于孩子培养和教育孩子的节目。

（8）制定好高考这根指挥棒，因为一切都跟着指挥棒走。高考考题完全可以不以书本知识为主，而以各种能力考查为主，例如，给学生一堆实验数据，让学生通过数据分析，发现问题，提出观点，写出一篇科技论文；高考也不一定 3 天，可以更长。总之，积极改进高考方式和内容，注重考核各种能力而不是死的书本知识。

（9）自己的孩子自己带，谁带像谁，尤其 3 岁前。很多年轻父母，生完孩子就交给爷爷奶奶或保姆，自己忙于工作，这是严重失误，对孩子严重不负责任。殊不知，挺过 2～3 年，就会一劳永逸。7 岁前，尤其是 3 岁前，是“投资”见效最快、最大的时期。如果小的时候没有培养好，长大后即使付出 100 倍，都不一定见效。孩子为什么“隔辈亲”？因为是爷爷奶奶带大的。带孩子的人，对孩子各种品行、习惯有潜移默化的作用，影响极大。

（10）为了下一代，为了祖国的未来，可给年轻妈妈们放 2～3 年的养育假，以解孩子培养后顾之忧。“问题孩子”的产生与小时候良好教育缺失有关。减少问题孩子，能给社会节约大量资源和成本。让年轻妈妈们工作产生的效益高呢？还是把孩子培养好产生的价值大？这个账要会算。

总之，只要抓好关键成长期的教育，就会收到事半功倍的奇效。“强国是教育出来的，弱国也是教育出来的”。习主席讲过，“少年强，则国强”！

我国的教育制度，20 世纪 50—70 年代学苏联，后来学欧美。如果我们的教育要领先世界，教育制度和教育模式应积极创新，争取摸索出适合我国国情的“中国特色教育制度和教育模式”，把中国人的创新潜能充分挖掘出来。

中国人民是勤奋的，如果创新能力再强大起来，将如虎添翼。到那时，我中华民族必独步全球，世界将真的要向我们学习了。

（本文据金振奎 . 论“培养重心前置”教育模式的重要意义 . 科学网，2017.12.9）